A. RANGE

CAPITAINE D'ARTILLERIE

CAUSERIES MORALES

ET

D'UTILITÉ GÉNÉRALE

PREFACE DE M. GEORGE DURUY

PROFESSEUR A L'ÉCOLE POLYTECHNIQUE

PARIS

HENRI CHARLES-LAVAUZELLE

Éditeur militaire

10, Rue Danton, Boulevard Saint-Germain, 118

(MÊME MAISON A LIMOGES)

CAUSERIES MORALES

ET

D'UTILITÉ GÉNÉRALE

A. GRANGE, Capitaine d'Artillerie

CAUSERIES MORALES

ET

D'UTILITÉ GÉNÉRALE

PRÉFACE DE **M. GEORGE DURUY**

PROFESSEUR A L'ÉCOLE POLYTECHNIQUE

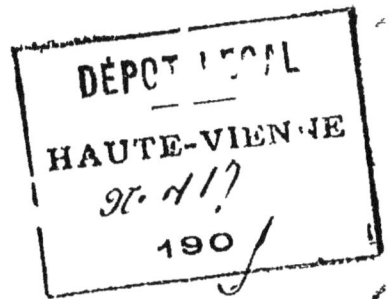

PARIS
Henri **CHARLES-LAVAUZELLE**
Éditeur militaire
10, Rue Danton, Boulevard Saint-Germain, 118

(MÊME MAISON A LIMOGES)

A Monsieur George Duruy, le Maître très distingué, qui a si bien montré le rôle de l'Officier éducateur.

A. G.

MON CHER CAPITAINE,

J'ai lu avec plaisir les *Causeries* que vous m'avez fait l'honneur de me dédier et je vous félicite chaleureusement d'avoir dit à vos hommes toutes les bonnes et intéressantes choses que j'ai trouvées dans ces pages.

Accompagnées, comme elles le sont fort à propos, d'anecdotes, d'historiettes, et, je pense, de projections lumineuses, destinées à les rendre attrayantes pour le soldat, ces *Causeries* me paraissent propres à exercer sur lui une action singulièrement bienfaisante. Si c'est, comme j'en suis sûr, le but que vous vous êtes proposé en les composant, j'estime que vous pouvez considérer ce but comme ayant été atteint.

L'idée que l'officier a une fonction morale et intellectuelle à remplir auprès de ses hommes n'est pas encore aussi universellement acceptée que je le souhaiterais. Beaucoup la jugent quelque peu chimérique, et sinon dangereuse, du moins d'application malaisée. Comment ne voit-on pas que la transformation profonde, subie depuis 1870 par nos institutions militaires, impose à l'officier l'obligation de modifier, en l'élargissant, la conception que ses devanciers avaient de leur métier?

Cet officier nouveau — annoncé, réclamé avec tant de force dès 1891 par le commandant, aujourd'hui général Lyautey, — c'est lui qui sera le vrai conducteur d'hommes dont nous avons besoin, c'est lui qui décuplera la force de notre armée en lui assurant, à défaut de la supériorité numérique où elle ne peut prétendre à l'égard de toutes ses rivales éventuelles, l'avantage inappréciable de cette étroite communion morale entre les soldats et les chefs, qui, dans tous les pays et dans tous les temps, s'est invariablement manifestée, comme étant un des facteurs les plus essentiels de la victoire.

Continuez donc à exercer sur vos hommes votre rôle de tuteur, en même temps que votre ferme autorité de chef. Et soyez assuré qu'il n'est pas de besogne à la fois plus utile et plus haute que celle à laquelle vous vous consacrez avec un si généreux dévouement, en travaillant à rendre à la France ses enfants meilleurs qu'ils n'étaient quand elle vous les a confiés.

Recevez, mon cher Capitaine, l'assurance de ma plus cordiale sympathie.

George DURUY,

Professeur d'Histoire et de Littérature
à l'École Polytechnique.

AVANT-PROPOS

Les causeries qui font l'objet de ce modeste ouvrage peuvent se faire soit le jour soit le soir, pendant le cours des instructions intérieures, ou pendant les repos, après les heures des repas.

Mon expérience personnelle m'incite à croire qu'il y a tout intérêt à les faire après la soupe du soir, alors que les hommes sont réunis au réfectoire, bien éclairé et bien chauffé. La réunion devient toute familiale. Les hommes, d'autant plus attentifs qu'ils sont moins contraints, se mettent en communauté de pensée avec l'officier qui leur cause simplement, en y mettant tout son cœur, et sans arrière-pensée d'étonner et d'éblouir.

Les menus faits de l'existence journalière serviront d'exemples; les récits puisés dans notre histoire nationale, si riche en dévouements, en courage et en discipline, donneront à ces causeries un intérêt puissant.

L'histoire de Jeanne d'Arc, des guerres de la Révolution et de l'Empire, de l'Année Terrible, sont autant de trésors dans lesquels il n'y a qu'à puiser pour trouver le récit convenant au sujet traité.

On décuplera l'intérêt de la causerie en faisant usage des projections lumineuses. Ce seront les vues de la ville et de ses environs, des principales villes de la région, des pays où vous auront conduits les récits; ce seront encore des tableaux où la gloire de nos armées a été fixée par des maîtres tels que David, Gros, Gérard, Horace Vernet, Meissonnier, Detaille, de Neuville, etc.

Il est également possible de trouver, dans une unité, des artistes qui seront heureux de manifester leur talent en disant quelque poésie ou en chantant une romance. Il faut évidemment choisir les sujets que les hommes se proposent de raconter ou de débiter à leurs camarades, car il ne faut pas oublier que les réunions sont morales et instructives.

On peut aussi rompre la monotonie que ne manqueraient pas d'engendrer les redites, en se servant, si l'on peut, du phonographe, qui peut donner des auditions variées à l'infini.

Les séances organisées dans ces conditions constituent pour les hommes non seulement un enseignement moral et d'utilité générale, mais aussi une distraction qui les maintient au quartier et qui les éloigne des mauvais lieux.

C'est un gain que notre race réalise, au triple point de vue moral, intellectuel et sanitaire.

Capitaine GRANGE.

1re CAUSERIE

Allocution aux gradés.

Mes chers amis, dans quelques jours vous allez recevoir les jeunes gens du contingent. Votre activité aura matière à s'exercer dans les occupations les plus diverses et à toute heure du jour. Habillement, marquage des effets, installation dans les chambres, instructions intérieures, classes à pied, à cheval, d'artillerie, etc. Cette énumération est assez copieuse, mais n'a rien d'effrayant pour vous dont le zèle et le dévouement me sont connus. Je suis donc sûr que vous accomplirez parfaitement vos diverses fonctions et que vos lieutenants n'auront qu'à se louer de la tenue de vos hommes et de la manière dont vos instructions seront conduites.

Il est un point sur lequel je crois devoir appeler tout spécialement votre attention.

C'est sur la façon de réprimander vos hommes et de les punir. Il faut apporter dans cette fonction tout le calme et toute la correction désirables. C'est la meilleure manière de sauvegarder votre autorité, de ne pas détruire l'effet salutaire qu'une répression juste doit produire, et de ne pas y substituer, chez le sujet puni, une irritation que les criailleries et les paroles injurieuses ne manqueraient pas de faire naître. Certes, le calme est, dit-on, le propre des vieilles troupes, et vous êtes jeunes, et, qui plus est, jeunes gens du Midi. L'influence du soleil et de l'éducation font que dans ce pays on s'emballe plus facilement que dans les régions septentrionales. On parle, on se grise de paroles, la voix monte et les gesticulations et les cris vont leur train. Il en résulte une perte de temps et une dépense d'énergie en dehors de toute proportion avec le mince effet produit. Soyez donc calmes et, si vous ne l'êtes pas, travaillez à le devenir. Le calme est une qualité, une vertu qui s'acquiert par l'exercice de la volonté. Quand vous aurez acquis cette vertu, votre éducation morale aura fait un grand pas et vous aurez acquis une supériorité incontestable sur vos camarades qui ne savent pas modérer les manifestations causées par les impressions reçues.

Commencez par vous observer; observez vos camarades lorsqu'ils se livrent à des conversations orageuses, à des explications bruyantes et coléreuses. Vous constaterez que, généralement, l'objet de la discussion est d'une futilité remarquable, que les disputeurs sont grotesques par leurs gestes désordonnés et par leur figure grimaçante, que le résultat final de la discussion n'a en rien modifié leur opinion.

Cette observation souvent répétée doit produire un effet certain sur un jeune homme intelligent. Les exercices de la volonté compléteront cet effet et parachèveront l'œuvre entreprise. Ils peuvent être variés à l'infini; je me bornerai à formuler quelques exemples :

1° Vous êtes à table et vous achevez votre déjeuner; votre faim est satisfaite, mais un dessert auquel vous avez goûté vous tente encore. Exercice de la volonté : vous vous astreindrez à ne pas en reprendre;

2° Vous vous promenez et, sans être précisément fatigué, vous vous dites en aparté que vous vous reposeriez avec plaisir. Exercice de la volonté; vous direz : je vais jusqu'à tel point et ne me reposerai pas avant de l'avoir atteint;

3° Chaque soir, vous avez l'habitude de vous rendre au café pour boire un verre de bière. Exercice de la volonté : un soir vous vous astreindrez à ne pas aller au café.

Votre existence journalière vous fournira

maintes occasions de vous imposer votre volonté et, par des exigences sagement proportionnées, vous arriverez peu à peu à vous
posséder et à réfréner les manifestations in-
tempestives et ridicules auxquelles vous vous
livriez.

Vous serez devenus maîtres de vous-même. Vous commanderez beaucoup mieux
après avoir obtenu ce beau résultat, car, vous
l'avez entendu dire: « Pour bien commander,
il faut se posséder soi-même. »

Qu'en pensez-vous? Le résultat n'est-il pas
intéressant et n'a-t-il pas de quoi tenter vos
efforts? Ne renvoyez surtout pas à plus tard
cette tâche à entreprendre. Rappelez-vous que
les défauts s'atténuent et se corrigent beaucoup mieux dans la jeunesse que dans l'âge
mûr. Qu'y a-t-il de plus incorrigible qu'un
vieux cheval de retour?

Vous avez donc acquis du calme et du
sang-froid.

Vos qualités d'instructeur se sont, de ce
fait, augmentées considérablement.

Vous traiterez vos recrues avec plus de
douceur et de patience; il en résultera un
grand bien pour l'instruction. Il n'y aura pas
de temps perdu; vos hommes vous écoute-
ront avec d'autant plus d'attention qu'ils ne

seront ni affolés, ni aigris par des observations violentes et injurieuses.

« L'impatience aigrit et aliène les cœurs, la douceur les ramène », a dit Mme de Maintenon.

Avec cette disposition d'esprit, vous arriverez fatalement à ne punir que très peu. Vous réserverez les punitions pour les hommes qui retombent constamment dans les mêmes fautes malgré tous vos avertissements et vos conseils.

Inspirez-vous toujours de l'esprit et de la sagesse du service intérieur :

« Si l'intérêt du service demande que la discipline soit ferme, il veut en même temps qu'elle soit paternelle. »

Une parole bien sentie, allant droit au cœur, une remontrance, une réprimande dans lesquelles on fait appel à la dignité, à l'amour-propre, aux sentiments élevés du coupable, font souvent davantage que l'application d'un barème de punitions.

« Les punitions doivent être proportionnées, non seulement aux fautes, mais encore à la conduite habituelle de chaque homme, à son caractère, au temps de service qu'il a accompli et à son degré d'intelligence.

« Elles doivent être infligées avec justice et

impartialité et jamais par aucun sentiment de haine ni de passion. Le supérieur doit s'attacher à prévenir les fautes; lorsqu'il est dans l'obligation de punir, il recherche avec soin toutes les circonstances atténuantes.

» En infligeant une punition, il ne se permet jamais de paroles outrageantes; le calme du supérieur fait connaître qu'en punissant il n'est animé que par le bien du service et le sentiment de son devoir. »

N'infligez jamais une punition alors que vous êtes en colère. Le sage Socrate disait à un esclave dont la mauvaise conduite l'avait vivement ému : « Je te frapperais si je n'étais pas en colère. »

L'état d'emportement n'est pas favorable pour apprécier l'importance d'une faute commise, ni celle de la répression que la faute mérite. Une punition prononcée par un supérieur en colère est généralement hors de proportion avec la faute.

Quand le calme est revenu, par équité, on est obligé presque toujours, ou de la supprimer, ou de la réduire. Il y a dans tout ceci quelque chose de mauvais qui réside dans la constatation, par l'inférieur chez le supérieur, d'une faiblesse morale qui est l'état de colère, faussant les appréciations. Cette constatation altère la confiance de l'inférieur.

La rectification faite ensuite par esprit d'é-
quité, au moment du calme, augmente la
confiance sans la faire remonter toutefois au
niveau où celle-ci était auparavant.

Le règlement vous interdit d'injurier vos
inférieurs. Cette interdiction est toute naturelle; vous devez le comprendre. S'il est de
toute justice de réprimer une faute, il est
souverainement injuste d'outrager un inférieur que la discipline maintient dans le
rang, qui ne peut répondre et qui n'osera, la
plupart du temps, se plaindre des mauvais
procédés dont il aura été l'objet.

Ceux qui se livrent à ces écarts de langage
ne se rendent certainement pas compte de la
gravité de la faute qu'ils commettent; ils le
font, j'en suis convaincu, parce qu'ils ont entendu parler ainsi, par une espèce de conta-
gion. Il faut cesser ces pratiques qui manquent de générosité, qui dégradent les supérieurs qui s'en servent et qui font naître chez
l'inférieur un fâcheux sentiment de révolte.
Soyez toujours corrects et dignes avec vos
inférieurs.

Que votre langage, épuré de toutes les
grossièretés, puisse servir de modèle à vos
hommes. Votre autorité grandira de ce fait
que vous parlerez convenablement à des
hommes qui peuvent être nantis d'une solide
instruction générale et d'une bonne éduca-

tion. Parler correctement est une chose qui s'acquiert avec de l'observation et de l'application. Et un langage correct peut parfaitement être énergique, quand les circonstances l'exigent.

Certains caractères un peu difficiles se braquent lorsqu'ils sont mal pris, alors qu'en usant de certains ménagements avec eux, on arrive quelquefois à en faire un personnel d'élite. J'ai connu, pour ma part, au Tonkin, un canonnier qui, ayant frisé le conseil de guerre, manifesta un repentir sincère dont lui tint compte son lieutenant. Cet officier fit expier au coupable la faute commise, qui était d'une gravité incontestable, par quelques jours de prison, mais surtout en différant l'envoi de cet homme dans un poste où il y avait vraiment de l'honneur à se trouver, parce que les pirates l'attaquaient constamment. Cette mesure mata complètement le canonnier. Il se conduisit bien et son officier lui tint compte de ses efforts en l'envoyant, deux mois après l'incident, dans le poste où il devait primitivement aller. Quelques jours après son arrivée, le poste était attaqué dans la nuit; le canonnier, grâce à son sang-froid et à son courage, contribua à le sauver. Il fut décoré de la médaille militaire.

Il y a tout intérêt à surveiller particulièrement ces natures un peu spéciales; signalezles; votre capitaine commandant vous donnera les conseils désirables et vous indiquera la marche à suivre pour mener à bien votre tâche d'éducateur.

La conduite des hommes, voyez-vous, est une question délicate, dans laquelle l'expérience et le tact constituent les principaux facteurs.

Ne soyez donc jamais absolus dans l'application d'un barème de punitions, et inspirez-vous toujours des couseils que vos officiers se feront constamment un devoir de vous donner.

2ᵉ CAUSERIE

Allocution aux anciens au sujet de la réception à faire aux jeunes.

Les soldats de la plus jeune classe de l'armée viennent d'arriver à la batterie.

Hier, ils étaient encore dans leur famille, vaquant à leurs occupations habituelles, partageant les joies communes et réconfortés, dans les moments difficiles, par l'affection de leurs parents. Aujourd'hui, cette vie change brusquement. Les recrues, transportées dans un nouveau milieu, d'aspect plus sévère que la maison familiale, bien différent, se trouvent dépaysées et sentent leur cœur étreint par la crainte de mille dangers et de mille incertitudes. Il faut que cette crainte disparaisse, il faut que le jeune soldat acquière rapidement l'idée qu'il vient au quartier accomplir son devoir de bon Français et non supporter des tracasseries et des corvées inutiles.

Les anciens soldats, qui sont les aînés de la famille militaire constituée par la batterie,

doivent à cet effet guider de leurs bons conseils et de leurs bons exemples les jeunes qui
viennent d'arriver. Qu'ils se rappellent combien, lorsqu'ils arrivèrent eux-mêmes au régiment, ils furent heureux de recevoir de la
part d'un bon camarade la première initia-
tion du metier militaire. Ce souvenir, ainsi
que le sentiment d'une solidarité bien com-
prise doivent guider votre conduite, anciens
soldats! Vous aiderez donc les jeunes, vous
leur montrerez les petits détails du métier;
vous leur direz comment on devient un bon
soldat, et vous le ferez, non par l'appât d'une
rétribution clandestine, mais parce qu'étant
les aînés de la famille vous devez un appui
aux jeunes.

C'est ainsi que l'on agit dans les familles
où tous les membres sont unis par une affection libre de tout intérêt. La batterie est une
famille unie; comment pourrait-il en être autrement? N'êtes-vous pas tous sous les drapeaux pour devenir des soldats aptes à défendre la Patrie? La désunion peut-elle donc
régner dans un groupement d'hommes dont
l'existence est la même, dont la vie est remplie par les mêmes fatigues, les mêmes plaisirs, les mêmes privations, et. qui pourrait
l'être par les mêmes sacrifices et les mêmes
gloires. Vous avez tous ce but commun de
vous sentir les coudes au moment où le de-

voir vous appellera et de rester tous soli-
daires les uns des autres, impassibles, subli-
mes, quand un souffle de mort passera sur
vous et qu'un rayon de gloire éclairera vos
fronts. Peut-on, dans ces conditions, quand
on y réfléchit, songer aux vaines querelles,
aux indignes brimades et aux mesquineries
que l'on commet en réclamant le prix d'un
service ? Assurément non.

Il faut penser aussi que celui qui sollicite
un paiement pour un service rendu commet
une vilaine action qui l'abaisserait dans son
estime propre s'il réfléchissait un peu. On
n'avoue pas certes à une personne dont l'estime vous est chère que l'on a quémandé du
vin ou de l'argent pour avoir aidé à faire un
lit ou montré comment on cire une paire de
bottes.

Par sentiment du devoir et par dignité
pour vous-mêmes, vous serez obligeants, ser-
viables sans aucune arrière-pensée, parce
que vous êtes de braves enfants.

Au siège de Toulon, en 1793, les soldats de
Dugommier avaient fait des prisonniers anglais, et, comme ceux-ci étaient blessés et
souffrants, ils les avaient nourris et soignés,
alors qu'eux-mêmes étaient dans le dénû-
ment. L'amiral qui commandait la flotte anglaise, ayant appris ce beau fait, envoya au
général français une somme d'or pour ré-

compenser ses soldats. Dugommier renvoya cet or à l'amiral en lui écrivant : « Les soldats de la République n'acceptent pas ton or; c'est par amour pour l'humanité qu'ils ont soigné les prisonniers anglais. »

Les soldats de la troisième République ne peuvent traiter plus mal leurs frères d'armes que ceux de la première République ne traitaient leurs ennemis.

Le capitaine commandant compte donc que vous accomplirez votre devoir et il espère que les instructions du colonel qui vous ont été lues seront observées naturellement, sans contrainte et qu'aucune punition n'aura besoin d'être prononcée, parce qu'il n'y aura pas de manquement.

Jeunes soldats, soyez donc les bienvenus et recevez le bon accueil de vos aînés.

3ᵉ CAUSERIE

Conseils pécuniaires aux jeunes soldats.

Il est bien peu d'entre vous qui soient arrivés au régiment sans une petite somme d'argent.

Cette somme est pour les uns le fruit d'une épargne faite sur un salaire personnel; pour les autres, c'est un cadeau que vos parents vous ont fait pour vous procurer quelques douceurs quand vous serez éloignés d'eux.

De toute façon, cet argent a été mis de côté, par des privations que vous vous êtes imposées ou que vos parents se sont imposées. C'est *l'épargne sacrée* qui est la source de ce petit avoir. Ne l'oubliez pas!

Ce souvenir doit vous garantir contre les tentations de dépenses inutiles et inconsidérées. Quel besoin avez-vous d'engager des dépenses? L'ordinaire abondant et substantiel qui vous est fourni par la batterie suffit à votre nourriture, contrairement à l'idée fausse répandue quelquefois dans le public. Et

vous êtes, sur ce point particulier où l'attention de vos chefs s'exerce avec un soin jaloux, mieux partagés que bien des ménages
ouvriers.

Donc, quand vous serez tentés de dépenser
inconsidérément votre argent, rappelez-vous
combien il vous a fallu de temps pour réunir
les quelques pièces de 5 francs que vous possédez. Pensez surtout à vos vieux parents et
dites-vous bien que l'argent qu'ils vous donnent est un prélèvement sur leur bien-être,
quelquefois sur leur nécessaire.

Ne vous imaginez pas que, dans votre nouvelle existence, vous devez renier ce que
vous avez fait de bien jusqu'ici. Les vertus
civiles que vous possédez s'allient parfaitement avec les vertus militaires que l'on vous
fera acquérir. Or, l'ordre et l'épargne sont
des qualités bien françaises que jusqu'ici
vous avez possédées; conservez-les précieuse-
ment, nous vous y aiderons.

Il vous est fort difficile de garder par de-
vers vous vos économies. Les chances de
perte et les occasions de vaines dépenses
sont trop nombreuses.

L'Etat, dans sa sollicitude pour les petits,
a créé une caisse d'épargne postale qui est
représentée dans chaque bureau de poste.
Cette caisse reçoit les sommes les plus mi-
nimes jusqu'à 1 franc et donne un intérêt de

2 fr. 50 p. 100. On verse son argent et on le retire quand on veut, moyennant certaines petites formalités simples, à la portée de tous. Je vous conseille donc vivement de déposer votre petite épargne à la caisse d'épargne postale.

Vous trouverez au bureau de la batterie toutes les indications, toutes les facilités pour les opérations nécessitées pour le versement que vous voulez faire. Les écritures seront même faites par les soins des comptables.

Comme vous le voyez, la tâche pour vous est simple; il suffit de vouloir !

4° CAUSERIE

Allocution au repas de bienvenue.

Jeunes soldats, vous venez d'accomplir
une semaine de service. Les anciens vo
ont accueillis en bons camarades, pour faci
liter vos débuts et vous initier à la vie militaire. Aujourd'hui, ils vous reçoivent à table, car c'est un repas de bienvenue qu'ils
vous offrent ce matin, avec la plus grande
cordialité. Ils agissent, vous le voyez, comme dans une famille où, les jours de fête, on
reçoit les parents et les amis. Cet excellent
accueil a certainement fait disparaître dans
vos cœurs la crainte que la vie militaire vous
inspirait. Vous avez constaté que la caserne
n'est pas cette galère que certains se plaisent
à dépeindre; où l'on mange mal, où l'on dort
mal, et où l'on subit mille tracasseries. Non
certes, ce n'est pas cela; vous le savez maintenant. Votre situation matérielle est meilleure que dans bien des ménages ouvriers.
Vos travaux sont sagement ordonnés, pour

vous entraîner progressivement et faire de vous des hommes et des soldats. Car c'est là le but de votre nouvelle vie : faire de vous des hommes et des soldats.

Il ne faut pas vous le dissimuler. Vous êtes pour la plupart des enfants, de grands enfants, qui avez jusqu'ici été dorlotés et qui peut-être avez souvent agi suivant vos caprices, et non suivant une volonté réfléchie et arrêtée. Le caprice est le propre de la toute jeunesse; la volonté inspirée par le sentiment du devoir est le propre de l'homme.

Il faut maintenant que ce sentiment devienne le mobile de vos actes. Ce n'est pas seulement la crainte des punitions qui doit vous faire accomplir votre tâche, aussi petite, aussi déplaisante qu'elle puisse quelquefois vous paraître. La crainte est le commencement de la sagesse, dit-on. C'est vrai pour les enfants, c'est vrai pour les gens malintentionnés qui n'agissent ou ne s'abstiennent d'agir que sous l'empire de la crainte. L'homme vraiment digne de ce nom accomplit les divers actes de son existence, animé par le sentiment du devoir.

Nous voulons cultiver ce sentiment dans vos cœurs.

Quand vous le posséderez et que vous agirez sous son impulsion, vous aurez fait un grand pas dans votre vie morale; vous au-

rez acquis une vertu qui, si elle est nécessaire à l'homme menant une vie ordinaire,
est indispensable au soldat. Nous vous l'ex-
pliquerons plus tard dans une autre causerie.

Et maintenant, je vous souhaite bon appétit et une franche gaîté.

5° CAUSERIE

Sur la Patrie.

Le doux nom de Patrie est un mot que vous avez entendu dès votre plus tendre enfance; c'est un mot qui émeut vos jeunes âmes par le caractère sacré que nous y attachons tous, mais dont vous saisissez peut-être le sens d'une façon confuse.

Qu'est-ce que la Patrie ?

La Patrie, c'est le pays des pères.

C'est la maison, c'est le village où vous avez vu le jour, où vos grands-parents, vos parents ont vécu, où ils ont travaillé et souffert, où ils ont eu leurs joies et leurs tristesses. Ce sont les champs qu'ils ont arrosés de leurs sueurs. C'est le cimetière où ils reposent à l'ombre des grands cyprès. C'est l'école sur les bancs de laquelle vous avez appris à lire et à écrire, où vos premières amitiés se sont ébauchées. C'est le mail où le dimanche vous vous réunissiez pour causer et vous amuser. Ce sont les sentiers ombreux où vous avez commencé, avec une jeune voisine, une idylle qui plus tard s'achèvera dans les liens sacrés du mariage.

C'est vers ce village que se portent toujours vos aspirations, et, c'est toujours avec une joie profonde, une joie enivrante que vous revoyez, après l'absence, poindre dans le lointain le clocher qui le domine.

La Patrie, c'est le chef-lieu, c'est la ville voisine où, les jours de marché, vous alliez avec vos parents vendre les produits de votre ferme, acheter les objets nécessaires à votre habillement, à votre entretien, les instruments de votre travail. C'est la ville où les relations d'amitié et de parenté vous ramènent avec plaisir, et de laquelle vous rapportez le soir, au village, des nouvelles qui intéressent la famille et les amis réunis à la veillée.

Mais ceci, c'est la petite Patrie qui se trouve placée quelque part dans un coin de la grande Patrie française. Celle-ci s'est formée peu à peu, lentement, pendant plusieurs siècles, jusqu'au moment où la Révolution française est venue unifier ce pays et former un tout compact de toutes les provinces où le doux parler français était entendu.

La grande Patrie française procure à la petite des avantages inappréciables et une large existence que celle-ci n'aurait pas pu se procurer.

La grande Patrie forme des professeurs, des instituteurs qui vont dans les villes et les campagnes répandre l'instruction parmi la jeunesse et former des citoyens intelligents, honnêtes et laborieux.

La grande Patrie, disposant des ressources énormes de tout le pays, peut entreprendre de grands travaux que les modiques revenus d'une commune ne permettraient pas de faire.

Elle crée des routes, des chemins de fer, des canaux, des ports, qui facilitent les transactions d'une extrémité à l'autre du pays, font pénétrer dans les coins les plus reculés, les plus isolés, les bienfaits de la civilisation. Des richesses longtemps ignorées ont pu de la sorte être exploitées, et des villages jusque-là très pauvres ont connu l'aisance et la richesse.

La grande Patrie a fondé des institutions de prévoyance où l'ouvrier et le paysan peuvent mettre leurs économies : telles sont la caisse d'épargne postale et la caisse des retraites pour la vieillesse.

Elle a fondé des établissements de bienfaisance, des hôpitaux pour les pauvres et les déshérités, les infirmes et les vieillards.

Partout elle a fait sentir son action pour

élever le niveau moral de tous les citoyens et leur procurer le maximum de bien-être.

Et pour permettre aux citoyens de pouvoir travailler en paix et jouir tranquillement des fruits de leurs travaux, elle assure la sécurité du pays en entretenant une armée qui fait respecter la France des nations voisines jalouses de ses richesses, de sa fertilité et de son beau climat.

Car la France, n'en doutez pas, est le plus beau pays d'Europe, celui dont le sol produit la plus grande variété de céréales, de légumes et de fruits, celui dont le climat est le plus agréable. Les étrangers le savent bien et nous jalousent, aussi n'hésiteraient-ils pas, le cas échéant, à venir, comme les Allemands l'ont fait en 1870-1871, nous arracher une province, si nous n'avions pas une armée solide, disciplinée et animée de l'amour sacré de notre chère France.

Cet amour est vivace au cœur de tous les bons Français comme vous, mais il est d'autant plus fort que l'objet de cet amour, la France, est mieux connue. Nous travaillerons ensemble, si vous le voulez bien, en nous amusant, à mieux connaître cette chère France.

6ᵉ CAUSERIE

Du patriotisme.

Je vous ai donné la définition de la Patrie et je crois vous avoir donné une signification suffisamment intelligible de ce mot mystérieux et sacré.

Aujourd'hui, nous allons parler du patriotisme.

Voilà un mot qui paraît aussi mystérieux que celui de patrie et dont beaucoup parlent à tort et à travers sans en connaître la portée.

Le patriotisme est un sentiment de reconnaissance et d'amour que l'on professe à l'égard de la Patrie, et qui doit se manifester, quand on est éclairé et bon citoyen, dans tous les actes de la vie.

C'est un sentiment d'abord instinctif qui se manifeste par le charme que nous éprouvons de vivre dans les lieux qui nous ont vus naître, où nous avons grandi, où nous avons été élevés; par une tristesse profonde quand nous

nous éloignons une première fois, du pays natal, par un irrésistible besoin d'y revenir et par une joie intense quand les hasards de l'existence nous permettent de revoir le clocher de notre village. Toutes ces impressions se ressentent, quelle que soit la nature du pays dont vous êtes originaire : riant ou monotone, fertile ou stérile, peuplé ou désertique, plat ou montagneux, boisé ou dénudé.

Cet amour du sol natal est si puissant qu'il ramène après fortune faite, dans les pays les moins favorisés de la nature, ceux qui pendant longtemps ont habité les grandes villes, où pourtant ils ont pu apprécier tous les avantages et le confort qu'on pouvait y goûter.

Ce sentiment, qui prend sa source au foyer familial, s'étend ensuite à la province, puis à la France tout entière.

Mais, comme tous les sentiments, il a besoin de se reconnaître, de s'éclairer, d'être cultivé, d'être transformé en vertu intelligente propre aux hommes vraiment dignes de cette appellation.

Notre Patrie est la grande France; vous le savez. Pourquoi lui devons-nous de la reconnaissance et de l'amour?

Parce que la Patrie fait pour tous ses enfants plus que personne ne fait ou ne peut faire.

La Patrie garantit à chacun le premier des biens : la liberté: elle donne à tout le monde la sécurité qui permet de travailler et de jouir en paix du produit de son travail.

Elle construit partout des écoles et répand à profusion l'instruction en envoyant sur tous les points du territoire des maîtres pour enseigner à la jeunesse la lecture, l'écriture, l'histoire, la géographie et les premières notions scientifiques.

Elle défend, par des lois justes, le faible contre l'oppression des forts; elle donne à tous la liberté de penser. Elle assiste et soulage les misères; elle soigne les malades dans les hôpitaux, secourt les infirmes et les vieillards dans les établissements de bienfaisance. Chaque jour elle travaille aux réformes sociales ayant pour but l'amélioration des classes pauvres et leur relèvement intellectuel et moral.

Par des travaux sagement ordonnés et conduits, les villes, les campagnes ont été assainies. Les moyens de transport ont été créés de tous côtés. Les canaux ont été creusés; les routes ont été tracées; les chemins de fer ont été construits; les montagnes ont été percées de tunnels pour passer facilement d'une vallée dans l'autre.

Les transmissions de la pensée ont été fa-

cilitées par l'établissement des postes, des té-
légraphes, du téléphone.

A la faveur de tous ces bienfaits, le commerce, l'industrie, la culture se sont déve-
loppés, ont prospéré de telle sorte que nos
ancêtres nous ont légué un patrimoine de richesses dont nous avons hérité et que nous
avons le devoir de garder et de faire fructi-
fier à notre tour.

La France est en outre le plus beau pays.

Vous verrez, à mesure que nous poursui-
vrons nos études géographiques, combien
elle est belle, combien elle a été favorisée par
la nature. Elle est harmonieuse dans ses con-
tours où les mers ont un développement à peu
près égal à celui des frontières terrestres. Sa
position est admirable; elle est baignée de
deux côtés par l'océan Atlantique, et d'un autre côté par la Méditerranée, de telle façon
qu'elle peut communiquer avec l'univers entier.

Continentale et maritime, voilà la France;

A l'intérieur, de beaux fleuves, de sinueu-
ses et coquettes rivières apportent la fertilité
dans leurs ondes bienfaisantes. Des montagnes, couvertes de glaciers ou d'arbres, ré-
gularisent le cours des eaux; de grandes
forêts dans les vallées exercent sur le climat une action bienfaisante.

Le climat de France est généralement tem-

péré; dans le Midi, il est toujours doux et
très apprécié par les malades qui viennent
aux bords des flots bleus de notre Méditerranée, parmi les senteurs des pins et des
orangers, chercher un soulagement et un re-
gain de vitalité.

La France a la plus grande variété de cul-
tures. Au premier rang, nos vignobles de
Bourgogne, de Champagne, de Bordeaux,
qui sont universellement réputés. Dans le
Nord, la culture de la betterave alimente largement l'industrie sucrière; les graines oléa-
gineuses y sont aussi récoltées.

La Normandie et la Bretagne nourrissent
dans leurs grasses prairies des moutons et
des bœufs de qualité supérieure. Dans la vallée du Rhône, se cultive le mûrier, qui sert
à l'élève des vers-à-soie. Sur les rivages de
Provence, se cultivent l'olivier, l'oranger, le
citronnier et les plus belles essences de fleurs.
La France produit la plus grande variété de
fruits et de légumes qui, non seulement suffi-
sent à la consommation nationale, mais dont
une notable partie est exportée, surtout en
Angleterre. Enfin, sa production de blé et
de pommes de terre suffit aux besoins du
pays.

Si le sol est riche, le sous-sol ne l'est pas
moins. Mines de fer, de cuivre, de houille,
se trouvent réparties un peu partout, dans

le Nord, dans l'Est, dans le Centre et dans le Midi. Les matériaux de construction : chaux, plâtre, pierres, marbres, existent en abondance. —

Notre industrie, très variée, se distingue par le goût et le fini, caractères essentiels de notre fabrication. Dans le travail du fer, il faut citer le Creusot, Saint-Chamond, Fives-Lille, etc.

Notre industrie de l'automobile tient le record du monde. Il faut encore citer nos soieries de Lyon qui sont inimitables, nos draps d'Elbeuf, de Reims, qui font concurrence aux draps anglais.

Nos toiles, nos broderies, nos articles de Paris, nos tapisseries d'Aubusson et des Gobelains, nos glaceries de Saint-Gobain, nos porcelaineries de Sèvres et de Limoges, nos modes qui font loi, etc.

Dans les sciences, dans les lettres, dans les arts, la France se montre toujours au premier rang.

Nos écoles supérieures — Polytechnique, Centrale, — forment des ingénieurs qui portent au loin le renom de notre Patrie, par les travaux importants qu'ils exécutent dans tous les pays.

C'est un Français, de Lesseps, qui a percé le canal de Suez; ce sont les Français qui ont fait l'Egypte moderne et ont découvert la civilisation antique de ce pays. La chimie s'honore des noms de Chevreul, de Berthelot et de Moissan. Nos Facultés de médecine de Paris, Lyon et Montpellier fournissent des maîtres en l'art de guérir la pauvre humanité. C'est un Français, Pasteur, qui découvre l'action nuisible des microbes, ces êtres infiniment petits; il étudie leur évolution, crée des vaccins, des virus atténués avec lesquels il immunise l'homme de maladies terribles, reconnues jusque-là irrémédiablement mortelles, telles que la rage. Il fonde un institut, une doctrine, et laisse derrière lui toute une pléiade de disciples, les Roux, les Hirsin, les Calmette, etc., qui marchent sur les traces du maître au souvenir immortel.

Nos peintres, les Millet, les Meissonnier, les Ziem, les Detaille, les Jean-Paul Laurens, etc.; nos sculpteurs, les Pradier, les Carpeaux, les Falguières, les Gérôme, les Rodin, etc.; nos architectes, les Garnier, les Ballu, etc.; nos musiciens, Berlioz, Ambroise Thomas, Gounod, Bizet, Saint-Saëns, Massenet, Reyer, etc., font de la France le pays le plus artistique du monde.

La pensée et la langue françaises sont enrichies par Balzac, Musset, Lamartine, Taine, Victor-Hugo, Renan, etc., qui laissent dans la littérature, le théâtre, l'histoire et la philoso-

phie des œuvres universellement connues et
traduites dans toutes les langues.

Voici pour les temps actuels, car on ne peut
citer en une seule fois toutes les gloires françaises.

Le génie de la France, qui se manifeste de
façons si diverses, rayonne sur le monde entier et modifie profondément la mentalité et
quelquefois l'état social des peuples.

Il y a cent-quinze ans, en effet, la France,
animée par les idées généreuses des philoso-
pes Voltaire, J.-J. Rousseau, Diderot et d'A-
lembert, se créa un état social nouveau et pro-
mulgua des principes de liberté qui se trouvent renfermés dans la Déclaration des Droits
de l'Homme.

L'Europe entière se coalisa contre la France et celle-ci, soulevée en masse, repoussa
l'étranger et porta chez lui, avec ses soldats
pieds nus, mourant de faim, mais animés par
le grand souffle de la liberté, les principes de
justice et d'égalité.

Toujours la France a soutenu au dehors la
cause des opprimés contre les oppresseurs;
elle a toujours été l'apôtre armé de la liberté,
sans songer à une reconnaissance ultérieure
que rarement on lui a témoignée. Bien au
contraire, un oubli des services rendus, une
ingratitude noire, une animosité acharnée ont

été souvent manifestées par l'obligé à l'égard de la France généreuse.

Vous voyez comme notre Patrie, la France, est belle, dans sa nature, dans ses productions, dans toutes les manifestations du génie humain et dans sa générosité pour l'humanité.

Aimons-la, mes chers amis, et remplissons toujours, chacun dans notre sphère, pour son plus grand bien, notre tâche, aussi modeste soit-elle.

C'est la meilleure manière de reconnaître ses bienfaits et de la faire prospérer.

Vous devez comprendre, après tout cet exposé, combien il importe de sauvegarder les richesses qui nous entourent si nous ne voulons pas que sollicités par la convoitise, des étrangers moins favorisés que nous essaient de s'emparer de nos richesses.

L'histoire actuelle du monde est pleine de conflits sanglants dont la convoitise du bien d'autrui est le seul motif. Guerre hispano-américaine, guerre sud-africaine, guerre sino-japonaise, guerre russo-japonaise, jamais on ne s'est tant battu. Il faut donc à tout prix que la France ait des forces puissantes pour se faire respecter le cas échéant. Ces forces résident dans son armée, dans sa flotte, qui l'une et l'autre, pour être redoutables, doivent, comme les armées de la Révolution, être animées du souffle patriotique le plus pur.

Que l'on ne vienne pas contredire, sous le couvert de doctrines soi-disant humanitaires, la raison de ce besoin de défense. Nous ne voulons pas être des agresseurs, mais nous voulons pouvoir défendre notre sol, nos biens et nos familles.

. L'amour de l'humanité n'est pas plus contraire au patriotisme que celui-ci est contraire à l'esprit de famille.

La France l'a toujours manifesté, cet amour de l'humanité. Ses idées généreuses pour la liberté ont fait le tour du monde, son sang a coulé pour toutes les causes justes et son or est venu toujours remplir l'escarcelle des malheureux de toutes nations. Qu'a fait l'humanité pour nous en retour de ces sacrifices? Rien. Elle a assisté indifférente à notre écrasement, à notre amoindrissement. Nous sommes restés isolés dans le malheur pendant que les nations que nous avions secourues autrefois applaudissaient nos oppresseurs. Cette leçon est d'hier.

Faut-il, après cela, sacrifier notre amour de la Patrie à de vaines chimères de confraternité universelle? Non. Soyons généreux, charitables envers tous les hommes comme l'ont été nos pères, mais soyons patriotes avant tout pour défendre l'héritage matériel et moral qui nous a été confié. En agissant ainsi, nous servirons non seulement la Patrie, mais l'humanité; car si la France venait encore à être amoindrie ou à disparaître, ce serait un foyer de lumière qui s'éteindrait, qui ne rayonnerait plus sur le monde. La civilisation universelle rétrograderait, la justice et la liberté perdraient de leur éclat et l'humanité souffrirait de cet état de choses.

C'est un Anglais, John Stuart Mill, philosophe et économiste célèbre, qui a dit : « Si la France venait à manquer au monde, le monde ne tarderait pas à retomber dans les ténèbres. »

On ne peut dire mieux. Je sens que votre conviction est faite et je suis persuadé que de votre cœur à vos lèvres s'élancerait ce cri :

« Oui, nous aimons notre chère France, la plus belle Patrie; nous lui ferions, s'il le fallait, le sacrifice de notre vie. »

Sujets historiques pouvant être racontés à la suite de la causerie.

Histoire de Jeanne d'Arc. — Histoire de Juliette Dodu (guerre de 1870-1871). *— Histoire de François Debergue, jardinier de Bougival* (19 septembre 1870). *— Histoire de Suzanne Didier à Villedieu près Metz* (1870).

7ᵉ CAUSERIE

L'armée.

Dans les précédentes causeries, nous avons vu que la Patrie avait besoin d'une armée solidement organisée pour répondre à l'agression d'une autre puissance, pour empêcher l'invasion du pays ou rejeter au delà de nos frontières les peuples qui auraient violé son sol bien-aimé.

La Patrie a aussi besoin d'une armée pour faire respecter le gouvernement que la majorité des citoyens s'est librement donné, pour assurer l'exécution des lois que les représentants du peuple ont votées, pour faire respecter la propriété, la liberté du travail, empêcher l'ordre d'être troublé et permettre aux citoyens la jouissance paisible des fruits de leurs labeurs.

— Mais qu'est-ce que cette armée?

En France, l'armée c'est la nation en armes. Tous les citoyens valides, dans la force de l'âge, doivent, au moment du danger, quand la Patrie les appelle, accourir sous son drapeau et prendre les armes pour faire respecter son indépendance.

Mais, pour accomplir ce devoir sacré, il faut que, pendant le calme de la paix, les Français reçoivent une éducation spéciale, acquièrent l'esprit d'obéissance et de sacrifice, deviennent en un mot des soldats instruits, disciplinés et entraînés.

Il est impossible de créer du jour au lendemain un soldat de toutes pièces. L'appel des citoyens non instruits de leurs devoirs donnerait certainement un ensemble d'hommes animés de la meilleure volonté; cette bonne volonté serait la seule qualité de ce rassemblement. Manquant d'expérience, d'endurance, de discipline, une armée constituée de la sorte, même ayant foi dans sa mission, serait condamnée à un échec certain et à un anéantissement complet.

Il faut donc préparer l'armée dès le temps de paix.

De 20 à 45 ans, tous les citoyens doivent le service pour la défense du pays. Ce service se décompose en service dans l'armée active, dans la réserve de l'armée active, dans l'armée territoriale et dans la réserve de l'armée territoriale.

C'est après nos désastres de 1870-71 que le service militaire fut rendu obligatoire pour tous. Mais une première loi, élaborée en 1872, établit le service de cinq ans pour les uns, un an pour les autres et nul pour certaines catégories de citoyens. La loi de 1889, plus rationnelle, voulut que tous les citoyens fussent exercés dès le temps de paix; elle réduisit le service actif à trois ans et, prenant en considération certaines situations, créa plusieurs catégories de dispensés qui ne sont astreints qu'à un an de service actif. Voilà la situation actuelle qui se complète par des dispositions astreignant les réservistes de l'armée active à deux périodes de vingt-huit jours et les militaires de l'armée territoriale à une période de treize jours.

Vous n'êtes pas sans savoir qu'une loi est en discussion au Parlement, ayant en vue la réduction du service actif à deux ans et l'obligation pour tous les Français de s'y soumettre.

Vous le voyez bien, ce principe, qui va se manifestant de plus en plus, que l'armée c'est la nation en armes et que tous les citoyens passent par une école pour y apprendre à remplir leurs devoirs de défenseurs du pays.

Transformer les hommes en des soldats souples et adroits, connaissant l'emploi, le maniement de leurs armes, de leur matériel et de leurs chevaux, conscients de leurs devoirs; donner à ces jeunes intelligences l'esprit de discipline et animer ces volontés les plus diverses d'une volonté unique : telle est la mission, en temps de paix, de l'armée.

On peut considérer l'avenir avec calme et confiance quand cette mission est remplie et lorsque la nation armée est composée d'éléments ayant les qualités que je viens d'énumérer.

Par contre, quand il en est autrement, quand la préparation de l'armée est insuffisante, la Patrie court les plus grands périls.

Rappelons-nous nos sanglantes défaites de 1870-1871, nos désastres : la Patrie envahie puis mutilée, les champs ravagés, les villes et les maisons en flammes, les femmes violées, les vieillards massacrés. Disons-nous bien que notre armée d'alors, quoique vaillante, était trop peu nombreuse, qu'elle était d'une discipline relâchée et d'une instruction insuffisante; qu'elle a été écrasée par les masses allemandes disciplinées et instruites, et, par suite, qu'elle n'a pu remplir sa mission de protection de la Patrie.

Le même exemple se produit actuellement pour nos amis les Russes, qui, mal préparés pour une grande lutte, subissent malgré leur courage, de la part des Japonais, admirablement préparés, des défaites sans nombre.

Ce sont de graves leçons que nous devons méditer et qui doivent nous engager à travailler pour toujours nous perfectionner.

8ᵉ CAUSERIE

Organisation de l'armée. — Rôle de la batterie.

Dès le temps de paix, l'armée a l'organisation qui lui permet de passer facilement aux formations de guerre.

Le territoire de la France est divisé en un certain nombre de régions à chacune desquelles on a affecté un corps d'armée. Il y a vingt corps d'armée. Chaque corps d'armée comprend deux divisions d'infanterie, une brigade d'artillerie, et une brigade de cavalerie.

Chaque division d'infanterie est formée de deux brigades; chaque brigade d'infanterie, d'artillerie ou de cavalerie est formée de deux régiments.

Le régiment est composé de batteries ou de compagnies réunies en groupes ou en bataillons.

La batterie, le groupe et le régiment, voilà les unités que vous connaissez. Quand vous irez aux grandes manœuvres, vous vous trouverez en contact avec les troupes d'autres armes; et, avec de nouvelles explications sur le terrain, vous comprendrez mieux le petit exposé que je viens de vous faire.

Mais ce que vous connaissez le mieux, c'est votre batterie. C'est un groupement d'hommes appelés en temps ordinaire à conduire, à servir quatre canons, quatre caissons; à marcher ensemble, à exécuter des écoles à feu, à manœuvrer dans les terrains les plus variés, à vivre à la même table, à endurer les mêmes fatigues, de jour et de nuit, à exécuter tous les travaux que les nécessités de la guerre exigeraient. Et cela sous l'autorité et la direction d'un chef qui est votre capitaine commandant.

C'est l'expérience de ce chef, son instruction personnelle, qui vous transforment en soldat et c'est lui-même qui vous inculque les idées d'obéissance, de respect et de considération pour vos supérieurs; et c'est son âme qui, en pénétrant les vôtres, vous inspire l'amour du devoir, l'énergie qui aide à supporter les fatigues, et le courage qui fait affronter la mort.

C'est de ce creuset qu'est la batterie où les caractères les plus divers, les natures les plus disparates, les volontés les plus opposées viennent se fondre, que doit sortir le pur métal d'une âme unique virilement trempée, ani-

mant une batterie prête pour tous les devoirs.

La batterie est aussi, comme je vous l'ai
dit, la famille militaire qui vous accueille à
votre arrivée, qui vous habille, qui vous
nourrit, qui vous loge. Dans la batterie, la
bienveillance et la sollicitude de vos chefs
vous sont toujours acquises; elles vous facilitent vos premiers pas et vous adoucissent les
tristesses que vous ressentez en quittant votre famille pour entrer dans un milieu inconnu. Vos chefs cherchent, par tous les moyens
en leur pouvoir, à élever votre niveau moral,
à vous intéresser et à augmenter votre bagage de connaissances générales. Dans la
batterie, vous entrez en contact avec des camarades qui vous aident, vous montrent les
petits détails du métier (faire votre lit, asti-
quer vos boutons, cirer vos basanes, etc.),
à votre tour, vous rendez service aux plus
jeunes que vous, à ceux qui n'ont pas votre
expérience. Ceux qui ont une certaine instruction font profiter leurs camarades moins
favorisés, de leurs connaissances; ils les conseillent pour la rédaction de leurs lettres,
pour la conduite de leurs affaires. Ceux qui
sont fortunés se font un honneur de procurer quelques douceurs aux camarades sans
ressources. Vous arrivez tous à vous connaître, à vous rendre service, à vous appré-

cier. Et, de ce contact permanent, où toutes les classes de la société se pénètrent, il ressort une estime réciproque, une compréhension plus saine des choses de la vie courante, qui facilite les relations dans la vie civile et atténue le caractère aigu des luttes sociales.

Ce que je dis pour la batterie s'étend au régiment sur lequel l'action tutélaire du colonel se fait sentir.

Vous voyez de quel bénéfice est pour vous et pour la France votre passage à la caserne.

Vous arrivez enfants, et, lorsque vous partez, vous êtes des hommes susceptibles de défendre, le cas échéant, votre pays.

Votre savoir s'est augmenté; vos qualités morales se sont élevées et vous connaissez mieux vos concitoyens. Vous vous trouvez, par suite, dans des conditions meilleures pour travailler et traiter vos affaires, petites ou grandes.

Ecoutez donc attentivement les enseignements qui vous sont donnés; rendez en affection à vos chefs la sollicitude qu'ils vous témoignent; soyez bons, obligeants et polis avec vos camarades ; et n'oubliez pas que tous, du plus petit au plus grand, nous travaillons pour le bien de notre cher pays de France.

9° CAUSERIE

La Discipline.

Nous lisons dans le Service intérieur :

« La discipline faisant la force principale des armées, il importe que tout supérieur obtienne de ses subordonnés une obéissance entière et une soumission de tous les instants: que les ordres soient exécutés littéralement sans hésitation ni murmure; l'autorité qui les donne en est responsable, et la réclamation n'est permise à l'inférieur que lorsqu'il a obéi. »

Vos cheveux se sont dressés sur votre tête, mes amis, à la lecture de ce texte. Discipline, obéissance entière, soumission de tous les instants, sans hésitation ni murmure. Tous ces mots dansent une sarabande dans votre tête, et vous êtes littéralement affolés. « Bon Dieu ! la classe ! » vous écrieriez-vous. Mais non, calmez-vous, les explications que je vais vous donner vous montreront combien ce texte est sage, les obligations qu'il prescrit indispensables, et que seule sa précision laconique a une allure un peu effrayante pour vos jeunes imaginations.

Qu'est-ce que la discipline ? C'est une vertu qui appartient à tous les âges, à toutes les conditions sociales et qui soumet les membres d'une collectivité à l'exécution d'une règle promulguée par l'autorité ou librement consentie par les individus. Enfants, nous sommes soumis à la discipline de la famille, de l'école; adultes, nous sommes soumis à la discipline de l'atelier, d'une administration, d'une exploitation commerciale ou industrielle, d'une association amicale de laquelle nous faisons partie.

Partout nous retrouvons la discipline sans laquelle toute œuvre est mort-née. Et après « la classe! » il faudra que vous vous y soumettiez encore dans le nouveau milieu où vous vous trouverez.

En quoi consiste la discipline militaire?

1° Dans l'observation des lois et règlements militaires;
2° Dans la subordination.

Les lois et règlements militaires déterminent d'une façon précise les obligations de chacun. Ces lois et règlements ne sont pas arbitraires; ils sont l'émanation de la volonté nationale. Ils ont été préparés par des hom-

mes instruits, expérimentés, discutés par les
représentants de la nation ou par des com-
missions compétentes, et enfin promulgués
ou décrétés.

En vous conformant à ces lois et à ces règlements, vous obéissez donc à la Patrie et
vous faites acte de discipline.

Le jeune soldat et le réserviste qui rega-
gnent leur corps à l'heure et au jour fixés par
la convocation font acte de discipline. Ceux
qui, au contraire, éludent cette convocation,
font acte d'indiscipline et de mauvais citoyens.

L'homme consciencieux se soumet naturellement aux obligations créées par les lois
ou par les règlements. Il n'a pas besoin
d'une surveillance de tous les instants; il
agit parce qu'il a le sentiment de son devoir
et non parce qu'il redoute une punition.

C'est ainsi qu'un bon soldat monte aussi
correctement sa faction après le passage
d'une ronde qu'avant le passage, parce qu'il
est respectueux de la consigne qui lui a été
donnée et qu'il a conscience de sa qualité
d'homme sérieux et raisonnable.

La subordination, c'est l'obéissance de grade à grade. Tous les membres de la hiérar-
chie militaire sont soumis à cette obéissance.
Le canonnier obéit au brigadier, le brigadier
au maréchal des logis, le maréchal des logis

au chef, le chef à l'adjudant, l'adjudant au sous-lieutenant, et ainsi de suite jusqu'au chef suprême de l'armée qui a la lourde charge du commandement et qui est responsable devant le pays.

Cette obéissance doit être entière, de tous les instants et dans les moindres détails de la vie militaire. A mesure que vous pénétrerez plus avant dans l'existence militaire, puis quand vous aurez assisté aux grandes manœuvres, vous comprendrez sans aucun doute l'importance des moindres détails dans une action de guerre.

Prenons un exemple : nous sommes en campagne. La batterie marche et combat depuis plusieurs heures sans repos; les hommes n'ont pas eu le temps de faire la soupe. Subitement, une accalmie se fait dans le combat, et la batterie reçoit l'ordre de se retirer pour se réorganiser et se porter ultérieurement en avant, dans une heure probablement.

Une heure, c'est le temps pour faire une soupe rapide et la faire consommer par les hommes.

Tous les brigadiers s'organisent et donnent des ordres à leurs hommes, pour aller chercher de l'eau, du bois, installer les marmites, etc. Supposons que les hommes commandés pour aller chercher de l'eau ou du bois n'obéissent pas et se défilent; on en commande d'autres qui exécutent, mais on a perdu du temps; la soupe n'est pas prête au moment, opportun; les hommes ne peuvent pas la manger et la batterie est en retard pour entrer en action.

L'arrivée tardive de cette batterie sur le champ de bataille compromet la marche du combat; l'ennemi, plus avisé, mieux discipliné, fait arriver les troupes au moment précis; il nous inflige des pertes, nous harcèle et gagne la bataille.

Vous voyez l'influence de ce petit détail, d'une corvée d'eau ou de bois mal exécutée, d'un manque d'obéissance.

Il faut obéir sans hésitation ni murmure. Hésiter à exécuter un ordre ou s'y conformer en murmurant, c'est se préparer à ne plus obéir, à faire des objections et à discuter.

Vous devez déjà comprendre par l'exemple précédent qu'un ordre exécuté avec hésitation compromet l'opération pour laquelle il avait été donné. Une opération de guerre doit être exécutée avec décision, et certaines doivent l'être avec rapidité; une hésitation peut avoir les plus fâcheuses conséquences sur le résultat de l'opération.

Concevez-vous une armée où chacun discuterait les ordres donnés et où le général serait obligé de demander l'avis de chacun?

Ce serait une cohue infernale, un troupeau sans nom qui deviendrait rapidement la proie d'un ennemi discipliné.

L'histoire de la guerre sud-africaine nous fournit maints exemples de cette vérité.

Les Boers, dans la défense de leur pays contre l'invasion anglaise, ont fait preuve de réelles qualités de courage et d'endurance. Ils étaient en outre des tireurs émérites et des cavaliers entraînés. Malgré cela, malgré les avantages tactiques qu'ils avaient au début de la guerre, ils ont été finalement battus, réduits en captivité et l'indépendance de leur pays a été supprimée. Pourquoi? Parce que les ordres des chefs étaient discutés dans les commandos et que, même lorsqu'une action était décidée, ils n'écoutaient que leur bon plaisir, revenaient chez eux, puis reprenaient le chemin du théâtre des opérations.

La subordination comporte aussi, de la part de l'inférieur, des sentiments de respect, d'estime, de confiance et d'affection envers ses supérieurs.

Le respect est obligatoire, il se manifeste par des marques extérieures de politesse et de déférence, quand un inférieur rencontre le supérieur ou lui parle. Le salut militaire, voilà la politesse du soldat. La main au képi, franchement ouverte, et les yeux fixant le chef, disant à celui-ci tout le respect que l'inférieur professe à son égard. Le chef répondant par le même salut et un regard dans lequel se lisent la cordialité et la sollicitude.

Le soldat prend, lorsqu'il parle à ses supérieurs, une attitude correcte et digne et ne leur parle qu'avec réserve et convenance.

Le respect ne réside pas seulement dans ces actes; il doit se manifester même en dehors de la présence des supérieurs, en parlant toujours avec déférence de ceux-ci et en ne les dénigrant pas. L'estime, la confiance et l'affection sont des sentiments que vous devez cultiver en vous-même. Vos chefs sont di-dignes de ces sentiments, car tous les méritent.

Les brigadiers et les sous-officiers ont dû, pour obtenir leurs galons, suivre des pelotons d'instruction, se livrer à des travaux pénibles, apprendre les règlements, se priver de sorties pour préparer les interrogations qu'ils devaient subir le lendemain. A toute heure du jour maintenant, ils doivent se consacrer à votre instruction, il faut qu'ils s'arment de courage, de sang-froid, de patience, pour obtenir des maladroits l'exécution d'un mouvement et de ceux doués d'une intelligence peu développée, la compréhension des théories.

Vos officiers ont une instruction générale très étendue. Leurs connaissances touchent aux sujets les plus divers, Ils ont acquis leur situation à la suite d'examens difficiles, et chaque jour ils augmentent leur bagage intellectuel. Les anciens officiers ont acquis une grande expérience de la vie et de la vie militaire; certains ont fait campagne, et tous, jeunes ou vieux, ne songent qu'à donner l'exemple de la vaillance et du sacrifice.

Tous ces mérites doivent forcer votre estime, et vous inspirer confiance.

Je vous ai montré, dans une précédente causerie, la batterie comme étant votre famille militaire et le régiment comme la grande famille. Pour ne parler que du colonel et du capitaine, qui en sont les deux chefs, observez leur manière d'être avec vous ainsi que leur existence.

Ils sont bienveillants, soucieux de votre bien-être, de vos intérêts, et si, quelquefois, ils sont obligés de réprimer vos écarts de conduite, ils le font avec mesure, en tenant compte de vos fautes et de vos mérites antérieurs.

Ils mènent la même existence que vous, supportent les mêmes fatigues, affrontent les mêmes dangers. Ils sont fiers de vos succès, de votre courage, de vos mérites, heureux qu'ils sont de les récompenser parce qu'ils vous aiment.

Cette affection laisse-t-elle vos cœurs indifférents? Non, j'en suis sûr. Et à la place de l'appréhension et de la contrainte qui y régnaient, éclora la petite fleur bleue d'une affection réciproque, affection que vous reporterez également sur les autres supérieurs, collaborateurs dévoués du colonel et du capitaine.

Vous sentez que cette discipline militaire n'est pas terrifiante et qu'elle est toute naturelle pour un homme et un homme de devoir.

Vous devez comprendre qu'elle est nécessaire, indispensable, et qu'elle est bien la force principale des armées, parce qu'elle a pour résultats le contact des coudes, l'union des cœurs et le concours de toutes les volontés et de toutes les intelligences au même but commun qui est la Victoire.

Sujets historiques pouvant être racontés à la suite de la causerie.

1° *Histoire du colonel Chevert et du sergent Pascal au siège de Prague* (1741). — 2° *Les Russes au combat de Golymin* (26 décembre 1806). — 3° *Charge des cuirassiers du général Bonnemain* (Reichshoffen, 6 août 1870).

10° CAUSERIE

Le Drapeau.

Chez tous les peuples, depuis les temps les plus reculés, les troupes se sont servi de marques distinctives ou de signaux, pour se reconnaître, se guider, se rallier, se reformer lorsqu'elles avaient été mises en déroute.

Ce furent primitivement des tatouages, des particularités dans l'équipement ou l'habillement qui servirent de signes distinctifs. Ce sont ces coutumes qui ont donné naissance à l'uniforme.

Ces signes devinrent insuffisants, quand les effectifs aux prises devinrent d'une certaine importance. Les guerriers conservèrent leurs accoutrements avec les marques distinctives, mais firent en outre usage d'un signe de ralliement dépassant la taille habituelle de l'homme.

Ce signe de ralliement fut d'abord une simple perche au sommet de laquelle on plaça une botte d'herbe, une crinière de cheval, une arme, une peau de bête, une tête d'animal, puis un morceau d'étoffe. Ce sont là les origines du drapeau.

Les Gaulois se servaient de hampes surmontées de têtes de sangliers ou de têtes de coqs.

Les Francs de Clovis, convertis au christianisme, prirent comme signe de ralliement le manteau de saint Martin, qui était de couleur bleue. C'est sous cet étendard que Charles-Martel repoussa, à Poitiers, l'invasion des Sarrasins.

Les Capétiens adoptèrent, pour aller au combat, la bannière de saint Denis. Cette bannière nommée oriflamme, était de couleur rouge et découpée en forme de flamme. Ce fut, pendant près de trois cents ans, la bannière nationale. Elle fut portée dans quatre croisades et dix-sept guerres contre les envahisseurs. Elle cessa de paraître sur le champ de bataille après la défaite d'Azincourt, en 1415.

Les rois avaient en outre une bannière particulière; à l'époque de saint Louis, cette bannière était bleue avec des fleurs de lis d'or. Sous Charles VIII, elle reçut une croix blanche et servit ainsi d'étendard aux francs-archers.

Plus tard, les rois adoptèrent le drapeau

blanc, qui devint l'étendard de la maison de France.

En 1670, Louis XIV ordonna que tous les régiments arboreraient le drapeau blanc. A cette époque, les hommes portaient à leurs chapeaux un bouquet de plumes de coq, puis des nœuds en rubans, appelés cocardes. En 1767, une ordonnance prescrivit que la cocarde de toute l'infanterie française serait blanche.

En 1789, la garde nationale de Paris portait la cocarde bleue et rouge. Le 17 juillet 1789, Louis XVI, étant venu à l'Hôtel de Ville de Paris, plaça la cocarde parisienne sur la cocarde blanche qu'il portait à son chapeau. Il créa ainsi la cocarde tricolore.

Une loi du 22 avril 1792 ordonna que les anciens drapeaux seraient brûlés et remplacés par des drapeaux aux couleurs rouge, blanche et bleue. Mais la plus grande fantaisie régnait encore dans la disposition de ces couleurs. Napoléon Ier la réglementa. Le drapeau fut composé d'un carré d'étoffe au centre duquel était un losange bleu et dont les quatre angles étaient alternativement bleu et rouge; au sommet de la hampe était fixée l'aigle impériale.

Après Waterloo, le drapeau tricolore fut remplacé par le drapeau blanc aux fleurs de lis; l'aigle fut remplacée par un fer de lance.

En 1830, les trois couleurs reparurent; surmontées du vieux coq gaulois.

En 1848, un décret décida que les couleurs seraient disposées par bandes, comme elles le sont aujourd'hui.

En 1851, l'aigle française fut rétablie sur tous les drapeaux de l'armée.

Pendant la campagne d'Italie, l'empereur Napoléon III décida que tout régiment qui s'emparerait d'un drapeau ennemi aurait son drapeau décoré de la croix de la Légion d'honneur.

Le 2e zouaves obtint le premier cette récompense; ce furent ensuite en Italie ceux du 76e de ligne, des chasseurs à pied; puis au Mexique ceux des 53e et 99e de ligne, 3e zouaves, 3e tirailleurs algériens et 1er chasseurs d'Afrique.

Pendant la guerre de 1870, nos drapeaux furent bien éprouvés. Les uns, glorieux débris troués par les balles, noircis par la fumée, reposent aujourd'hui sous le dôme des Invalides; ils sont un précieux témoignage du courage de leurs défenseurs. D'autres, hélas! pris après la capitulation de Metz, sont exilés sur la terre allemande.

En 1871, après l'année terrible, les corps durent se procurer des drapeaux n'ayant aucune inscription avec une hampe surmontée d'un fer de lance.

En 1880, le Gouvernement voulut consacrer la réorganisation de l'armée et son relèvement par la distribution de nouveaux drapeaux. Le 14 juillet, lors du rétablissement de la fête nationale, une députation de chaque régiment reçut des mains du Président de la République le drapeau qui existe actuellement dans chaque corps et qui porte comme inscriptions, d'un côté le numéro du régiment, et de l'autre le nom des batailles dans lesquelles celui-ci s'est illustré.

Avant la distribution, le Président de la République prononça cette allocution :

« Officiers, sous-officiers, soldats qui représentez l'armée française à cette solennité,

» Le Gouvernement de la République est heureux de se trouver en présence de cette armée vraiment nationale que la France forme de la meilleure partie d'elle-même, lui donnant toute sa jeunesse, c'est-à-dire ce qu'elle a de plus cher, de plus vaillant, la pénétrant ainsi de son esprit et de ses sentiments, l'animant de son âme et recevant d'elle, en retour, ses fils élevés à la vieille école de la discipline militaire, d'où ils rapportent dans la vie civile le respect de l'autorité, le sentiment du devoir, l'esprit de dévouement, avec cette fleur d'honneur et de patriotisme, et ces mâles vertus du métier des armes si propres à faire des hommes et des citoyens.

» Si rien n'a coûté au pays pour relever son armée, rien n'a coûté à l'armée pour seconder les efforts du pays, et, par l'application au travail, par l'étude, par l'instruction, par la discipline, elle est devenue pour la France une garantie du respect qui lui est dû et de la paix qu'elle veut conserver. Je vous en félicite et vous en remercie.

» C'est dans ces sentiments que le Gouvernement de la République va vous remettre ces drapeaux; recevez-les comme un gage de sa profonde sympathie pour l'armée; recevez-les comme les témoins de votre bravoure, de votre fidélité au devoir, de votre dévouement à la France, qui vous confie, avec ces nobles insignes, la défense de son honneur, de son territoire et de ses lois. »

Combien ces paroles sont belles!

Qu'est donc le drapeau pour inspirer ainsi l'éloquence humaine?

Je vous l'ai dit au commencement de cet entretien. Le drapeau, c'est le signe de ralliement du soldat. Dans le combat, il plane haut et fier au-dessus des bataillons, soutenu par des bras valeureux; au moment de l'assaut, quand le clairon et les tambours sonnent la charge, que les musiques jouent l'hymne national, le colonel du régiment saisit le drapeau et se porte sur la ligne avec les dernières réserves. C'est un moment solennel. Haut les cœurs! La vue du noble emblème fait jaillir une étincelle chez tous les combattants; les forces sont décuplées, les courages faiblissants sont remontés. Tout le régiment, uni par un saint enthousiasme, s'élance, ne connaissant plus d'obstacles, sur la position ennemie. Et si le colonel, cible vivante que le drapeau désigne, vient à tomber, immédiatement, sans souci de la mort, d'autres bras relèvent le drapeau qui repart en avant dans une course héroïque, entraînant tout le régiment à sa suite.

Et si par malheur celui-ci échoue dans l'assaut, s'il est repoussé, c'est autour du drapeau que se reforment les compagnies disloquées et décimées. Sans lui, ce serait la débandade, la panique peut-être; ces troupes, tout à l'heure si braves, subitement affolées par l'échec qu'elles ont subi, par les pertes qu'elles ont éprouvées, ne chercheraient qu'à s'enfuir, sourdes qu'elles seraient aux exhortations et aux menaces. Le cri « Au drapeau! » retentit, tous les yeux se lèvent et la vue de l'étendard immobile, troué de balles, noirci de fumée, mais toujours droit et fier et entouré de sa poignée de héros, arrête les fuyards. O Drapeau, noble relique, tu nous transformes ainsi parce que tu es notre signe de ralliement mais aussi parce que tu nous représentes la Patrie pour laquelle nous combattons.

Oui, le drapeau, mes enfants, c'est l'image symbolique de la Patrie.

Vous êtes-vous demandé comment ce morceau d'étoffe tricolore représente cette grande et belle figure? Certes, une estampe donnant la reproduction de votre village, d'un site qui vous est cher, parlerait à vos yeux, mais ce serait l'image de votre petite patrie et cette image qui vous émouvrait ne dirait rien à d'autres yeux.

Quand vous feuilletez un atlas de géographie, où des cartes successives montrent progressivement l'accroissement de notre pays, puis, hélas! son amoindrissement, vous avez une image de la Patrie exacte mais variable d'une époque à l'autre.

Notre drapeau, lui, au contraire, résume toute notre histoire. Il porte dans ses couleurs la France d'autrefois et celle d'aujourd'hui.

Rappelez-vous. C'est sous la couleur bleue que Charles-Martel repoussa les Sarrasins; c'est sous la couleur rouge que les milices communales repoussèrent les Allemands à Bouvines et que les croisades furent entreprises; c'est sous le drapeau blanc que nos troupes furent victorieuses à Rocroi, Denain et Fontenoy. L'armée de l'ancienne France illustra ce drapeau blanc.

En 1889, la cocarde blanche représentait l'ancienne France, la cocarde bleue et rouge de Paris représentait la nouvelle, car dans la capitale se trouvaient rassemblés les esprits les plus éclairés venus de tous les points de la France dans le but de travailler à l'édification d'un nouvel état de choses.

On peut donc considérer l'union de ces deux cocardes en un ensemble harmonique : la cocarde tricolore, comme une fusion de l'ancienne France avec la nouvelle.

En contemplant le drapeau, vous lisez toute l'histoire de France : ses grandeurs, ses déchéances, ses joies et ses deuils; vous voyez l'image de la Patrie.

Voilà pourquoi, nous autres soldats, nous manifestons le plus grand respect pour notre drapeau, que nous l'entourons des plus grands honneurs et que nos cœurs sont émus d'une religieuse émotion quand le colonel nous le présente.

L'idée de Patrie est tellement inhérente au drapeau que cet emblème participe à toutes les joies et à toutes les tristesses nationales. Au 14 juillet, jusque dans les coins les plus reculés du monde où peut résider un Fran-

çais, il flotte radieux dès l'aube à chaque fe-
nêtre : la France est en fête. Puis, un autre
jour, il pendra lamentablement en berne,
cravaté de crêpe : la France est en deuil.

Allez sur la rive étrangère. Vivant au milieu de gens parlant un langage qui ne vous
est pas familier, ayant des mœurs différentes
de celles de votre pays, vous vous sentez
triste, perdu, exilé. Un jour, sur l'immensité
de la mer, vous apercevez un navire; il s'ap-
proche du rivage; vous en distinguez bientôt
les formes, puis le pavillon hissé à son mât.
Ce sont les couleurs de France ! Votre cœur
saute de joie dans votre poitrine; votre regard brille; vos yeux se mouillent et vous
sentez un sang plus vif courir dans vos vei-
nes. O sainte émotion, émotion délicieuse
que ressentent même ceux qui, dans un moment de folie ou d'aberration ont abandonné
le drapeau sous lequel ils servaient. Oui,
chères couleurs, vous nous rappelez la Patrie
absente, les amis de notre jeunesse, les pay-
sages qui nous sont chers, et la famille qui,
au village, parle de nous!

Je vous ai dit que sur le drapeau était écri-
te notre histoire. C'est vous qui y écrirez
l'histoire de demain. Quand vous serez au
combat et que vous verrez le drapeau em-
porté par un vent de déroute, vous verrez
dans ses plis l'histoire de demain triste et

navrante, votre village envahi, mis à contri-
bution, votre maison incendiée, vos récoltes
saccagées, les femmes et les vieillards à la
merci de l'ennemi. Puis un voile de deuil
s'étendant peu à peu comme un brouillard
sur notre cher pays indiquera que la France
est mutilée, qu'elle expire peut-être sous la
botte de l'étranger parce que vous n'avez pas
su la défendre.

Si, au contraire, — et c'est là notre chère
espérance, — vous voyez l'étoffe sacrée flot-
ter victorieusement, vous pouvez vous repré-
senter le village en fête; les cloches du beffroi
sonnent joyeusement; le mail est pavoisé; les
jolies jeunes filles, coquettement vêtues, fê-
tent votre retour; vos vieux parents, juste-
ment fiers de leurs fils, vous entourent et
vous montrent, pour les récoltes prochaines,
les guérets couverts de blonds épis agités par
la brise, et les vignes dont les pampres supportent des grappes nombreuses que septembre mûrira.

C'est ainsi, jeunes gens, qu'il nous faudra
écrire sur le drapeau, l'histoire de demain,
s'il nous est donné d'y écrire.

Sujets historiques pouvant être racontés à la suite
de la causerie.

Le Vaisseau « le Vengeur » (1er juin 1794). — Le 4e Régiment d'infanterie à Austerlitz (2 décembre 1805). — Les Drapeaux de la brigade Lapasset à Metz (27 octobre 1870). — Bonaparte au pont d'Arcole (17 novembre 1796).

11ᵉ CAUSERIE

Devoirs du soldat envers sa famille
et envers la société.

Mes enfants, vous avez quitté depuis quelque temps votre famille. Permettez-moi de vous rappeler les devoirs que vous avez envers elle, car il se peut que vos débuts sous les armes vous aient absorbés et vous aient fait perdre de vue les obligations que vous avez à l'égard de vos parents.

. Votre père et votre mère vous ont donné la vie; ils ont, par mille soins attentifs et minutieux, préservé vos jeunes ans des maladies terribles qui fondent sur l'enfance; ou bien ils vous ont arraché à la mort en usant leur existence dans les veilles, les soucis et les larmes. Plus tard, ils ont suivi avec intérêt vos progrès à l'école. Ils vous ont ensuite donné un métier pour vous permettre de vivre des fruits de votre travail et d'être plus tard des citoyens indépendants. Toujours, dans toutes les circonstances, ils ont payé de leurs fatigues et de leur bourse pour vous élever, vous dorloter, vous habiller, vous instruire et vous éviter les heurts trop brusques et les dures réalités de l'existence.

Oh! combien vous devez les aimer, ces êtres de dévouement et d'amour que sont vos parents! Soyez toujours pour eux de bons fils.

Un bon fils doit être aimant, respectueux et déférent. La meilleure manière que vous ayez de manifester votre affection à vos parents, c'est de leur écrire souvent, au moins deux fois par mois. L'État, soucieux de faciliter votre correspondance, vous alloue gratuitement deux timbres par mois. Il faut donc écrire à vos père et mère qui, à juste titre, s'inquiètent de ce que vous devenez. Il faut leur donner des nouvelles de votre santé, des détails sur votre existence, votre habillement, votre nourriture; il faut les intéresser à vos travaux, à vos relations de camaraderie, aux promenades que vous faites en ville ou à la campagne, aux choses curieuses que vous découvrez dans les rues, aux étalages des boutiques.

Réfléchissez; c'est un bon exercice; les sujets de correspondance abondent. Tous ceux qui vous concernent intéressent vos parents; ne soyez pas ménagers de votre encre pour les traiter; ne soyez soucieux que d'une chose : la sincérité de votre récit, puis écrivez sous la dictée de votre cœur et vous serez éloquents.

Les pauvres vieux avaient les larmes aux yeux quand vous êtes parti pour le service; ils seront heureux quand, au coin du foyer, ils liront votre lettre. Ils se diront qu'ils ont un gas solide, qui travaille bien pour apprendre son métier de défenseur de la Patrie; qu'il sait voir ce qui se passe autour de lui et qu'il reviendra au pays ayant appris quelque chose.

Ils vous écriront à leur tour et vous tiendront au courant de leurs joies et de leurs souffrances; ils vous donneront des nouvelles de la maison, du village, ils vous diront les espérances que donnent le bétail et les récoltes.

Votre vie de famille ne sera pas interrompue; les bons conseils des parents vous arriveront et vous maintiendront dans la bonne voie. Vous aurez à cœur de bien vous conduire, de travailler, pour que vos parents soient fiers de vous, fiers de vos galons de 1re classe ou de brigadier, qui orneront plus tard votre manche. Vous obtiendrez des permissions et vous irez au foyer familial montrer l'homme que vous êtes devenu, qui s'efforce toujours d'être digne de l'affection des siens.

Ayez toujours présente à la pensée la situation dans laquelle se trouvent vos parents. Elle est souvent fort précaire; on arrive à joindre les deux bouts, on s'estime heureux; il est rare qu'on puisse s'offrir une douceur; la pipe du père reste souvent éteinte, et la tabatière de la mère n'a plus que l'odeur du tabac. Et la vieillesse est là qui guette vos parents, avec son cortège de maladies et d'infirmités. Songez également à vos frères et à vos sœurs plus jeunes qui sont à la charge de vos parents. Dites-vous bien qu'il n'y a pas trop d'argent à la maison pour mettre du pain dans la huche et des sabots aux pieds des petits. Ne demandez donc pas d'argent à vos parents, vous savez qu'ils vous en adresseront quand ils le pourront; car ils sont soucieux de votre bien-être. Ne cherchez pas, non plus, à apitoyer votre famille par la ruse et le mensonge. C'est une indignité que vous commettriez.

Votre jeune conscience, très droite, vous reprocherait cette action; elle vous reprocherait l'argent que vous auriez ainsi extorqué à votre famille pour de frivoles plaisirs, alors que cet argent serait si nécessaire à la maison.

Ceux dont les familles sont dans le bien-être doivent agir de même. Si la vie se montre plus clémente pour eux, ils ne doivent pas moins avoir le souci de leur dignité et de leur respectabilité. C'est mauvais qu'un soldat ait beaucoup d'argent, car il ne peut en régler l'emploi d'une façon utile et sage; il se trouve fatalement entraîné à commettre des actions répréhensibles qui sont pour lui la source de punitions sévères. Chaque jour nous voyons les soldats munis de trop d'argent glisser sur une mauvaise pente et être d'un fâcheux exemple pour les camarades. Combien c'est triste pour les parents qui, par trop de bonté, se trouvent indirectement complices des fautes d'un jeune écervelé.

O mes amis, soyez toujours droits, sincères. Fuyez les mauvais conseils, les mauvaises fréquentations; interrogez votre conscience avant d'agir et montrez-vous constamment des fils reconnaissants et affectueux. Ne négligez pas les bonnes relations que vous aviez avant de venir au régiment. Vous avez laissé au village une fiancée, un maître d'école, un patron, des bienfaiteurs qui pensent à vous, qui vous aiment, vous apprécient. Il faut leur écrire, il faut manifester aux uns et aux autres votre reconnaissance et votre affection: il faut aller leur rendre visite quand vous serez en permission, c'est votre devoir et c'est votre intérêt, car, vous le savez, on n'aime pas obliger un ingrat.

De même, il faut écrire à vos jeunes amis,

leur donner des conseils, les éclairer sur ce que vous faites au service et sur ce qu'ils auront à faire plus tard. Vous leur enlèverez bien des appréhensions et vous ferez œuvre de bonne solidarité et de bon patriote.

Dans vos relations avec l'élément civil, il faut toujours être poli. Il y a des jeunes gens qui s'imaginent que tempêter, hurler, paraître grossier, sont des signes de la force. Comme ils se trompent! On hausse les épaules et on dit : « Quel butor, quel goujat ! » Ils n'impressionnent que les enfants et les roquets, mais par contre ils jettent le discrédit sur l'armée dont ils font partie, sur l'uniforme qu'ils ont l'honneur de porter.

Soyez donc polis, réservés, mais non timides, et montrez-vous toujours obligeants et prévenants envers les femmes et les vieillards. Cédez-leur. par exemple, le trottoir quand vous les croisez dans la rue; n'hésitez pas non plus à offrir votre place dans l'omnibus, alors que vous êtes assis, à une femme ou à un vieillard qui sont debout.

Portez secours à vos semblables quand ils sont dans le danger. Votre jeunesse, votre force, votre vigueur et votre souplesse vous font un devoir social d'agir ainsi; votre uniforme vous en fait une obligation d'honneur. Les annales de l'armée française sont remplies d'actes de dévouement accomplis par les plus humbles de ses membres. C'est ainsi que journellement les sapeurs-pompiers de Pa-ris arrachent à la mort beaucoup d'existen-ces humaines. Et, dans votre régiment, il existe sûrement de modestes héros qui ont accompli courageusement ce devoir.

Quand vous serez en marche ou aux gran-des manœuvres, vous deviendrez inconti-nent, au gîte d'étape, l'hôte d'un habitant du village. Rappelez-vous que vous ne devez rien exiger de lui, autre chose que le gîte, le feu et la lumière. Réfléchissez que c'est un impôt bien lourd que celui consistant à abri-ter sous son toit un inconnu. Pensez pour cela à vos parents qui, sur un autre point du territoire, ont les mêmes obligations à l'égard d'autres soldats. Cette pensée vous préservera de toute tentation de mal faire: vous vous conduirez honnêtement, offrant même vos services dans les moments de re-pos, pour être utile à votre hôte. Et quand vous quitterez celui-ci, il vous serrera la main. Cette marque de sympathie d'un brave homme sera la meilleure récompense de vo-tre conduite et de votre honnêteté.

12° CAUSERIE

De l'hygiène. — Propreté.

L'hygiène est la partie de la médecine qui apprend à conserver la santé.

Cette science, qui a fait de très grands progrès pendant le siècle dernier, grâce aux travaux du grand Pasteur et de ses élèves, a vulgarisé certaines règles, certaines méthodes pour organiser l'existence. Ces règles se rapportent à notre corps, à notre habitation, à nos exercices, à nos vêtements et à notre alimentation. Elles sont à la portée de toutes les intelligences, et on peut dire avec certitude que de leur observation est résulté un accroissement de la durée de la vie humaine. Au premier rang de ces règles, figure la propreté.

La propreté du corps était, dans l'antiquité, une chose toute naturelle. Le bain était, chez les Grecs, une obligation de l'hospitalité. Les Romains faisaient un usage extrêmement fréquent des bains. Partout où ils s'établirent, ils construisirent des thermes admirablement organisés; on en voit des vestiges un peu partout, en Italie, en Algérie, en Tunisie et en France. Vous connaissez à Nîmes les bains de Diane; à Aix, ceux de Sextius, près desquels un établissement moderne s'est installé, et, à Paris, les thermes de Julien.

L'usage des ablutions se perdit malheureusement au Moyen Age, et ce n'est guère que depuis vingt ou vingt-cinq ans que l'usage des bains, en France, a commencé à se répandre et que le souci de la propreté corporelle a été remis en honneur.

Les bains et les ablutions agissent puissamment sur la peau; ils entretiennent la fraîcheur, facilitent le jeu des organes et permettent aux fonctions cutanées, c'est-à-dire de la peau, de s'exercer librement.

La peau, en effet, n'est pas uniformément lisse comme on pourrait le croire; elle est percée d'une infinité de petits trous appelés pores, qui laissent passer constamment la sueur. Cette sécrétion n'est pas toujours perceptible, car elle s'évapore à mesure à la surface du corps; on la constate cependant quelquefois aux pieds, aux mains et, dans certains cas fébriles, sur le corps entier.

L'arrêt momentané des fonctions cutanées peut amener de graves indispositions;

leur arrêt total amènerait incontestablement la mort.

Voici quelques exemples qui montrent l'importance du bon fonctionnement de la peau.

Enduisez complètement la peau d'un chien en parfaite santé avec un vernis ayant une composition sans effets sur l'organisme. Alimentez abondamment l'animal; soignez-le attentivement, rien n'y fera. Il dépérira peu à peu, et au bout d'une semaine la mort surviendra.

Comparez deux chevaux : un bien pansé et un qui ne l'est pas; tous les deux ayant la même quantité de nourriture. Vous constaterez que la santé du cheval bien pansé est très supérieure à celle de celui qui est négligé. Ne dit-on pas qu'un bon pansage vaut un picotin d'avoine?

Il en est de même chez le bétail. Les vaches bien nettoyées sont plus belles et donnent du meilleur lait que celles dont les flancs sont constamment couverts de déjections.

La peau fonctionne d'autant mieux qu'elle est débarrassée des crasses et des poussières qui se forment ou se déposent à sa surface. Notre peau a donc besoin d'être constamment nettoyée; c'est pour cela qu'au quartier vous disposez de lavabos pour vous laver les mains et le visage. En outre, une fois par

semaine, des douches tièdes vous sont don-
nées pour vous nettoyer complètement le
corps.

Il serait à désirer que ces habitudes de
propreté corporelle se vulgarisent dans les
villes et les villages. On constate encore,
malheureusement, dans beaucoup de maisons, l'absence de cuvettes, ou la présence
de récipients pouvant tout au plus servir à
la toilette d'une poupée. C'est à vous de continuer chez vous les saines pratiques du régiment et de les répandre autour de vous. Il
est si facile de faire une installation simple,
pratique et peu coûteuse; vous n'avez qu'à
regarder en ville dans les magasins, et vous
n'aurez que l'embarras du choix du dispo-
sitif.

Votre linge, vos habits, vos draps, vos
couvertures, doivent être nettoyés, parce
qu'ils absorbent la sueur ou les poussières.
Les poussières sont dangereuses parce qu'elles tiennent en suspension des microbes dont
l'action sur l'organisme est très pernicieuse.

Le linge sale ou les vêtements sales, en
contact avec la peau, empêchent la transpiration; ils irritent la peau et sont les causes
de diverses maladies. Une fois par semaine,
au moins, on veille à ce que vous changiez de
linge et on prend toutes les dispositions pour
que le linge sale soit nettoyé avec soin. Les

draps de lit sont changés au moins une fois
par mois. Les couvertures sont battues chaque semaine pour en faire sortir les poussières. On vous astreint à épousseter vos vêtements, à les brosser, à les dégraisser, non
seulement pour que vous ayez meilleur aspect, mais aussi, comme je viens de vous
le dire, par souci de votre santé.

La nature des tissus qui composent vos
vêtements, l'ajustage de ces vêtements, sont
des questions qui ont une grande importance.

D'une façon générale, ce sont les tissus de
laine qui conviennent le mieux pour la con-
fection des vêtements, car ils laissent moins
percevoir au corps les différences de température. C'est pour cela que l'uniforme militaire est composé, en France, d'effets confec-
tionnés avec de l'excellent drap; aux colo-
nies, avec des effets en molleton, étoffe de
laine un peu plus légère que le drap.

Lorsque la chaleur est très élevée, ces vêtements sont remplacés par des vêtements de
toile, mais on prend le grand soin d'exiger
que le corps soit en contact direct avec des
tissus-de flanelle comme la chemise et la
ceinture, qui empêchent les brusques refroi-
dissements.

Tous ces vêtements, sans être disgracieux,
ont une ampleur suffisante pour permettre le

jeu régulier des organes et empêcher les compressions et les frottements qui causent les blessures.

L'habitation doit être suffisamment vaste, claire, aérée, d'une propreté irréprochable. Elle doit être assez vaste pour donner au personnel qui l'habite un volume d'air suffisant. Vous le savez, sans air nous ne pouvons vivre. Et vous savez aussi que plus l'air est pur et abondant, mieux nous nous portons. Comparez pour cela le montagnard qui vit sur les hauteurs, le paysan qui vit aux champs, avec l'habitant des villes; la santé des premiers est généralement supérieure à celle du citadin, parce que les uns respirent à pleins poumons un air pur et que l'autre respire un air vicié.

Vos chambres ont été construites en rapport du nombre d'hommes qui doivent y coucher, pour que chacun ait le volume d'air qui lui est nécessaire pour respirer. Mais, comme, en même temps que vous absorbez une certaine quantité d'air, vous expirez une même quantité d'air chargée d'acide carbonique, impropre à la respiration, il est nécessaire que l'air expiré soit évacué de la chambre, car sans cela il se produirait, chez les habitants du local, une asphyxie lente. On a organisé à cet effet des ventilateurs qui renouvellent l'air; ils sont placés de façon à ne pas être une gêne ou une cause de refroidissement.

Ce renouvellement de l'air est considéré comme tellement nécessaire, que beaucoup de médecins conseillent de dormir les fenêtres ouvertes, et le prescrivent dans certaines affections, même en hiver. Je vous signale seulement ce fait pour votre instruction, car cet usage ne saurait être prescrit dans les quartiers, en dehors des époques chaudes de l'année.

Au matin, dès que vous êtes tous vêtus, on augmente l'aération de la chambre, en ouvrant les fenêtres d'un seul côté, celui opposé au vent. Il faut à tout prix éviter les courants d'air. « Une balle manque quelquefois son homme, dit-on, un courant d'air ne le manque jamais. » Ce sont des maux de gorge, des rhumes, des grippes, etc., que l'on recueille dans les courants d'air. On ne doit établir ceux-ci que lorsque tous les camarades ont quitté la chambrée.

Je vous ai parlé de la nocuité des poussières. Comme conséquence du danger qu'offrent celles-ci, il ne faut jamais battre les effets dans les chambres. Pour les mêmes raisons, le nettoyage du parquet et des planchers doit se fair avec un chiffon légère-

ment humide qui ramasse les poussières et
les empêche de se répandre dans l'air.

La propagation des maladies des voies
respiratoires (gorge, larynx, poumons) se
fait en respirant un air chargé de microbes,
causes de ces maladies. Ces microbes se
trouvent dans l'air, parce que les malades
déjà atteints crachent n'importe où; leurs ex-
pectorations contiennent évidemment une
quantité considérable de microbes qui se mê-
lent aux poussières lorsque les crachats sont
séchés. La diphtérie, la laryngite, la grippe,
la tuberculose, se propagent ainsi. Pour éviter que les crachats n'arrivent à souiller l'air,
on a disposé dans tous les locaux de votre
casernement des crachoirs remplis de coke,
et on a défendu de cracher ailleurs que dans
ceux-ci. Le coke souillé est brûlé tous les
quinze jours, puis remplacé par du coke
neuf. Il est de votre intérêt le plus grand de
vous conformer tous à cette prescription, si
vous ne voulez respirer quelquefois des ger-
mes de mort.

Vous remarquerez que la défense de cracher sur le sol ou le plancher existe dans tous
les lieux publics, les tramways et les chemins
de fer. Bien coupables sont ceux qui ne s'y
conforment pas. Montrez-vous plus sages et
plus intelligents qu'eux. Dites-vous bien que
l'homme qui crache par terre est la plupart

du temps aussi dangereux que le criminel ou
l'insensé faisant usage de l'arme à feu au
tir le plus rapide et le plus meurtrier.

Les microbes se trouvent non seulement
dans les poussières, mais aussi sur les murs,
les tentures, les rideaux, etc. Il est donc de
toute nécessité que les parois de vos chambres soient nettoyées périodiquement. C'est
pour cela qu'une ou deux fois par an, on re-
couvre les murs des chambrées d'un lait de
chaux; c'est l'enduit le meilleur marché que
l'on puisse employer; il est, de plus, très hygiénique. Les tapisseries sont des nids à
microbes et on ne peut pas les nettoyer. On
commence à faire usage, dans les hôtels,
d'enduits à teintes claires : soit le crépi, soit
la peinture à l'huile. Les murs ainsi traités
ont très bel aspect; ils se nettoient et se dé-
sinfectent facilement. On proscrit également
les rideaux et les tentures. Dans les quartiers
cette proscription est inutile!... Enfin,
quand une maladie contagieuse a été cons-
tatée, il faut désinfecter le local que le malade a habité, afin de préserver les coloca-
taires. Au quartier, chaque fois qu'un camarade est atteint d'une fièvre, d'une grippe ou
de toute autre maladie pouvant se propager,
on retire de la chambrée· immédiatement la
literie et les vêtements du malade pour les
faire passer à l'étuve de désinfection puis,

au moyen d'un appareil portatif, on désinfecte la partie de la chambre qui a été habitée par le malade. En outre, on envoie à la visite médicale, pour y être l'objet d'un examen attentif, les deux voisins du malade. Le major surveille pendant un certain temps, d'une façon toute spéciale, leur état de santé.

Quand vous ferez choix d'un logement, il sera bon de vous enquérir de l'état sanitaire des occupants antérieurs; vous agirez sagement en demandant la désinfection du logement, ou en le faisant faire à vos frais. A Paris, et dans certaines grandes villes, les municipalités exigent que la désinfection soit faite après le décès survenu à la suite de la tuberculose ou d'autres maladies contagieuses.

On doit éviter de prendre ses repas dans les chambres où l'on se couche. Au quartier, vous avez des réfectoires. Vos chambres, de cette façon, ne sont pas empuanties par l'odeur des nourritures, et elles ne sont pas souillées par les détritus que souvent on laisse tomber par mégarde. Vous avez dû constater que les meilleurs aliments laissent toujours après eux une odeur désagréable qui vicie l'air; il suffit, pour s'en convaincre, de pénétrer dans une salle à manger non aérée où l'on a fait copieuse chère. Quand l'exiguïté des logements vous oblige à prendre vos repas dans la chambre à coucher, prenez le soin d'aérer cette pièce avant de vous mettre au lit.

Les cabinets d'aisance doivent toujours être bien situés et entretenus en grand état de propreté. Au quartier, ils sont lavés à grande eau tous les jours, et on les désinfecte avec une solution de sulfate de fer. Périodiquement, les tinettes pleines sont enlevées et remplacées par de nouvelles.

La bonne installation d'un cabinet d'aisance est d'une grande importance. Aucune infiltration ne doit pouvoir se produire entre la fosse aux déjections et les puits ou citernes. Ce sont de pareilles infiltrations qui amènent souvent la fièvre typhoïde. Il faut donc établir le cabinet d'aisance ou la fosse loin des réservoirs d'eau; il est préférable, au point de vue de la propreté et de la salubrité, d'enduire l'intérieur de la fosse d'une couche de ciment.

Dans certaines localités, quelquefois assez importantes, l'usage des cabinets d'aisance est chose inconnue; cet usage est même considéré comme le signe de la richesse. Il est regrettable qu'il en soit ainsi, au double point de vue de la décence des mœurs et de l'hygiène publique.

Les cours doivent être balayées et leur sol

doit être soigneusement entretenu. Vous remarquerez qu'au quartier, ces prescriptions sont religieusement observées. On ne peut en dire autant de beaucoup de cours de fermes; le fumier èst généralement en plein air, au milieu de la cour, presque toujours défoncée; le purin coule autour et s'infiltre dans le sol, pouvant, de cette façon, souiller les réservoirs d'eau potable; les enfants jouent dans cette puanteur, et les habitants de la ferme rentrent des champs, où l'air est pur, pour respirer dans leur habitation un air vicié. Cette pratique très vieille, d'installer ainsi le fumier, est préjudiciable autant à la santé des habitants de la ferme qu'à leur intérêt. Le fumier ainsi exposé perd ses principes volatils fécondants; il perd également le purin qui est la partie la plus riche de l'engrais. Les fermes modèles placent le fumier loin des habitations, le couvrent de fagots, de bruyères, de fougères, et installent à proximité une fosse cimentée dans laquelle s'écoule le purin.

Dans le même ordre d'idées, vous me permettrez de constater que les écuries, principalement celles aux bestiaux, sont mal tenues. Elles sont généralement très sombres, elles sont insuffisamment aérées, et leur sol de terre battue s'imprègne de l'urine des animaux.

Le voisinage de ces écuries est mauvais pour l habitation, d'autant plus qu'il est souvent immédiat. Comparez ces écuries à celles que vous voyez au quartier où l'air et la lumière circulent à profusion, où le sol est cimenté et où, par suite, l'écoulement de l'urine et l'enlèvement des fumiers se font facilement.

Dans les écuries bien tenues, les animaux se conservent longtemps en santé; les vaches ne prennent pas la tuberculose; elles fournissent un bon lait, et lorsqu'elles ont achevé leurs fonctions de laitières, elles se vendent facilement pour la boucherie.

Dans les villes, l'installation de la voirie et son fonctionnement doivent être l'objet des soins attentifs des municipalités. Les égouts bien construits conduisent dans des champs d'épandage les déjections et les eaux ménagères de la cité. Un service d'enlèvement des ordures se fait régulièrement à des heures fixées suivant les saisons. Chaque maison possède une caisse ou un récipient fermé qui contient les ordures de tous les locataires. Au passage des tombereaux, cette caisse est vidée soigneusement dans les voitures, de façon à empêcher autant que possible la dissémination des poussières.

Pendant les chaleurs, un service d'arrosage fonctionne pour abattre la poussière et abaisser un peu la température.

Tous ces soins rendent la ville plus aimable, plus hospitalière et plus salubre. L'étranger ne craint pas de s'y arrêter et d'y dépenser son argent pour le plus grand profit des habitants.

La propreté, mes amis, doit donc être observée partout. Elle embellit et transforme tout; elle rend la pauvreté moins pénible et rapproche de l'aisance.

13ᵉ CAUSERIE

De l'hygiène (*suite*). — **Alimentation.**

Pour faire fonctionner notre machine humaine, et pour réparer l'usure continuelle qu'elle subit. il faut que nous l'alimentions.

Cette alimentation se fait avec des aliments proprement dits et des boissons.

Aliments. — Les aliments sont animaux et végétaux. Les aliments animaux sont les plus nourrissants. La viande de bœuf est préférable à toute autre pour les personnes qui travaillent activement et qui, par suite, dépensent beaucoup. On vous en distribue couramment.

De temps en temps, pour varier votre alimentation, on vous donne de la viande de mouton ou de veau qui n'offre pas le même degré de nutrition que celle de bœuf.

Les volailles donnent également une viande moins nourrissante. Le poisson est une excellente nourriture. Il est à remarquer que les habitants des bords de la mer, qui en font un grand usage, se portent parfaitement et ont de nombreuses familles. Le lait et les fromages qui ne sont pas de haut goût fournissent une très bonne nourriture qui souvent est la seule que l'on puisse donner aux malades et aux convalescents.

Les aliments végétaux proviennent des céréales ou des légumes; les plus nourrissants sont, par décroissance : le pain (surtout la croûte), les haricots, les fèves, les lentilles, les pois chiches, les pois secs, les châtaignes, le riz, les pommes de terre, etc.

Il convient de varier l'alimentation et de composer rationnellement son menu avec de la viande, du pain et des légumes.

La soupe à la viande est une préparation qui réunit avantageusement tous les principes rationnels d'une bonne alimentation : pain, légumes et viande. Elle est très digestive et d'une fabrication simple et rapide.

Toutefois, vos officiers s'évertuent à varier vos menus dont la préparation est très soignée. Ils surveillent attentivement la fourniture des denrées qui servent à les composer. La viande, visitée par le vétérinaire de la ville, est contrevisitée par un vétérinaire militaire de service. Elle n'est mise en consommation que lorsque celui-ci l'a définitivement acceptée. Le pain et les légumes ne sont distribués qu'après avoir été acceptés par un officier chargé de ce service.

Dans beaucoup de campagnes, on ne consomme que rarement de la viande : les jours de fête seulement. On se porte bien, malgré cela, direz-vous. C'est vrai, mais le bon air des champs, comme vous le savez, entretient la santé mieux que l'air de la ville. Il faut remarquer, en outre, que le paysan consomme beaucoup de viande de porc, qui est une saine et forte nourriture, peut-être un peu lourde pour les estomacs faibles.

Les conserves de viande et de poissons sont des aliments très précieux et d'une grande utilité en campagne. Elles sont faites avec des poissons et de la viande de première qualité; leur emboîtage est fait avec beaucoup de soin, de façon à éviter l'introduction de l'air, qui corromprait le contenu de la boîte. La question de la viande de conserve m'incite à vous reprocher un petit travers que j'ai souvent remarqué. C'est celui-ci : pendant longtemps, il était de bon ton de ne pas manger la viande de conserve que l'on vous distribuait, comme il est bien porté actuellement de ne pas manger le lard salé, comme il sera entendu demain que l'on ne doit pas consommer une autre denrée déterminée. La qualité de la marchandise toujours excellente n'entre pour rien dans la détermination; la raison réside dans l'appréciation d'un ou de plusieurs loustics qui ont déclaré ne pouvoir manger l'aliment dont il s'agit. Les autres ont suivi comme des moutons, et la mode s'est faite. Ce sont des procédés enfantins que n'emploient pas les hommes mûrs lorsqu'ils viennent faire leurs vingt-huit jours; l'expérience, quelquefois un peu dure, de la vie, leur fait donner une appréciation plus juste et plus personnelle des choses.

Un autre petit travers à signaler :

Les jeunes gens qui ont de l'argent affectent de ne pas manger à l'ordinaire et vont à la cantine, où ils ne trouvent certainement pas un menu mieux soigné qu'à l'ordinaire de la batterie. Dans ce fait, réside seulement un petit accès de vanité que je trouve contraire à l'esprit de parfaite égalité qui doit régner entre tous les membres de ce ménage qui est l'ordinaire. C'est dans les ménages mal tenus que les convives vont manger au restaurant, au grand dépit de la maîtresse de maison et des autres convives restants.

Le ridicule et le petit esprit qui s'attachent aux deux travers que je vous ai signalés suffiront, je crois, à vous les faire éviter désormais.

La préparation des aliments doit se faire dans des cuisines propres et bien aérées, sur des fourneaux bien entretenus, avec des casseroles scintillantes de propreté. Le cuisinier doit être soigné dans toute sa personne et dans ses vêtements. Il faut, en pénétrant dans une cuisine, — et c'est ce qui a lieu au quartier, — que l'on éprouve l'impression d'appétit, le désir de goûter aux aliments préparés et non le désir de fuir un local empuanti par le graillon et la fumée. Il faudra, quand vous serez dans votre ménage, veiller avec un soin jaloux à ce que vos aliments, aussi modestes soient-ils, reçoivent une préparation propre, dans une cuisine propre, et que la ménagère soit accorte, propre et bien peignée. Les mets les plus simples sont les meilleurs quand ils sont proprement présentés et assaisonnés par l'appétit des convives.

Le sucre est un aliment d'épargne qui, sous un petit volume, permet de récupérer des forces perdues et de continuer une tâche entreprise.

Les alpinistes, les cyclistes, les amateurs de footing, apprécient cet aliment depuis longtemps. Ils l'emploient, soit en nature, soit sous forme de dissolution aqueuse.

Les propriétés de cet aliment sont tellement manifestes que nos officiers, grands entraîneurs de chevaux, l'emploient pour maintenir en forme leur monture quand elle a de grands parcours à fournir et de grands efforts à donner. L'emploi du sucre pour les chevaux, en quantité appréciable, a été usité particulièrement dans les raids Bruxelles - Ostende, Paris - Deauville, Lyon - Vichy.

Les fruits très doux possèdent, du sucre qu'ils contiennent, les propriétés dans une certaine proportion; ils sont en outre rafraîchissants. Mais autant ils sont d'un effet salutaire quand ils sont mûrs, autant leur action sur l'appareil digestif est pernicieuse quand ils sont verts ou incomplètement mûrs. Il faut, dans ce cas, les proscrire impitoyablement.

Boissons. — Les meilleures boissons alimentaires sont le lait, dont je vous ai déjà parlé, le café et le thé.

Le café et le thé combattent le sommeil et la fatigue; ils stimulent sans déperdition ultérieure, le corps et l'esprit pendant un certain temps.

C'est pour cela que le café est donné comme repas du matin aux hommes à une heure où il serait difficile de confectionner une autre préparation.

Le thé est donné comme boisson hygiénique, soit dans la journée, soit le soir, surtout en hiver, pour réchauffer et tonifier l'organisme.

Le corps a besoin de renouveler journellement une certaine quantité de liquide qu'il a perdu, et pour cela l'homme est obligé de boire. C'est un besoin naturel plus pressant que celui de manger, car il est démontré qu'un homme peut vivre assez longtemps sans manger alors qu'il périt misérablement, au bout de quelques jours, s'il ne peut boire.

La boisson la plus naturelle est l'eau ordinaire; c'est aussi la plus dangereuse si elle n'est pas choisie, si elle contient des éléments nuisibles, en un mot si elle n'est pas potable.

L'eau potable doit être fraîche, claire, sans odeur, ni saveur; elle doit dissoudre facilement le savon et cuire les légumes. Dans les quartiers, l'eau a été analysée; on en connaît la composition; on sait qu'elle est bonne; on complète en outre la sécurité de consommation en faisant passer cette eau dans des filtres à bougies.

Dans les villes, l'eau est généralement de bonne provenance; on peut consommer sans crainte celle qui sert à l'alimentation courante des habitants. Il faut se méfier des eaux de puits et de citernes qui sont, comme je vous l'ai déjà dit, assez fréquemment souil-

lées par des infiltrations. Leur consommation provoque presque sûrement la fièvre typhoïde.

Quand on est en route et que l'on a bien
chaud, on se trouve quelquefois séduit par
la vue d'un petit ruisselet qui coule en bor-
dure de la route et dont l'eau claire et lim-
pide invite à se rafraîchir.

Soyez prudents, ne prenez pas d'une eau
pareille qui est certainement souillée par les
passants, les animaux et les détritus. Avant
de boire, il faut se gargariser la bouche pour
rejeter la poussière qui en couvre les parois.
Cette pratique est suffisante quelquefois pour
avoir un soulagement. Buvez le moins possible, car une trop grande absorption de liquide provoque la transpiration ainsi que
des dérangements d'estomac et d'intestin.

Les boissons qui sont le plus en usage
après l'eau sont les boissons fermentées dont
les principales sont le vin, la bière, le cidre.
Lorsqu'elles sont prises avec modération
pendant le repas, elles facilitent la digestion
et stimulent les forces. Leur usage immodé-
ré, au contraire, provoque l'ivresse et con-
duit à l'ivrognerie.

La distillation des boissons fermentées
ainsi que celle des fruits produit des eaux-
de-vie et des liqueurs variées dont l'usage est

èssentiellement pernicieux. L'alcool qu'elles contiennent est un véritable poison, lent, mais d'un effet assuré. Son action sur l'organisme est caractérisée par une excitation de durée variable suivant la quantité ingérée. C'est cette excitation que les buveurs recherchent. Quelquefois ils y trouvent un abrutissement·immédiat, une ivresse bestiale. Mais, quoi qu'il en soit, l'excitation et l'ivresse sont toujours suivies d'une dépression nerveuse et d'un malaise général. En outre, l'habitude de consommer de l'alcool produit l'alcoolisme, qui est un véritable fléau de l'humanité. C'est pour ces raisons que le Ministre de la Guerre a sagement proscrit des casernes tous les alcools avec leurs nombreux dérivés, masqués sous le nom d'apéritifs et de digestifs.

14° CAUSERIE

De l'hygiène (*suite*). — **Ivresse, alcoolisme, syphilis.**

L'abus du vin, des boissons fermentées en général, et des alcools, produit chez l'homme de l'ivresse et quelquefois un anéantissement complet qui fait qualifier d'ivre-mort le sujet se trouvant dans cet état.

L'homme en état d'ivresse a le visage défiguré, congestionné; ses membres alourdis ne lui obéissent qu'imparfaitement; son cerveau perd sa lucidité habituelle et n'émet plus que des pensées bestiales ou passionnelles. Parfois, l'alcool ingéré est tellement nocif, tant par lui-même que par les substances qui lui sont ajoutées pour augmenter sa saveur, que son action sur le cerveau et le système nerveux produit chez le sujet des attaques d'épilepsie et de folie furieuse.

On comprend alors que l'homme dans l'état d'ivresse puisse se livrer à tous les éxcès et même à tous les crimes. Le buveur s'en

va ensuite recevoir sur les bancs de la cor-
rectionnelle ou de la cour d'assises la juste
récompense d'une passion qu'il n'a pas su
maîtriser et qui le conduira peut-être au
bagne.

Dans l'armée, les hommes qui se mettent
en état d'ivresse sont punis très sévèrement,
pour les empêcher de commettre à nouveau
cette faute honteuse qui les entraînerait à
des fautes de plus en plus graves dont l'épi-
logue s'écrirait au conseil de guerre. Sous
l'influence de l'ivresse, on rentre d'abord en
retard; on se querelle, on se bat avec les camarades, avec les bourgeois de la ville; on
injurie les uns et les autres, quelquefois les
supérieurs; on lève la main sur ceux-ci; on
dégaîne son sabre, on se sert d'un mousque-
ton ou d'un revolver armé et on tire... Le
forcené est enfin arrêté, mis en prison, et le
lendemain, quand les fumées de l'alcool se
sont dissipées, le malheureux, mis au courant de sa conduite, ne peut que verser
d'abondantes larmes, certain qu'il est d'en-
courir une peine qui couvrira d'ignominie le
restant de son existence, et fera rougir de
honte ses vieux parents, en attendant que le
chagrin les délivre d'une vie définitivement
gâtée.

Ce tableau, mes amis, n'est pas noirci à

plaisir. Il vous impressionne certainement et vous vous dites que jamais vous ne vous êtes mis dans cet état d'ivresse et que jamais vous ne vous y mettrez. Certains même disent, avec un sentiment d'orgueil, qu'ils supportent la boisson et que quelques petits verres pris dans la journée ne produisent sur eux aucun effet. Ils couvrent même de leurs blâmes ceux qui boivent et perdent la raison au fond de la bouteille. Gardez vos blâmes et vos sarcasmes, mes amis. Vous voyez bien la paille qui est dans l'œil de votre voisin et vous ne voyez pas la poutre qui est dans le vôtre. Ah! vous buvez quelques petits verres journellement, avec, bien entendu, du vin abondamment à tous vos repas; eh bien! vous aussi vous deviendrez, si vous ne modifiez votre conduite, une victime de l'alcool, vous deviendrez alcoolique.

Vous sursautez? Alcoolique, moi, mais je me porte comme un charme! C'est vrai, seulement il faut vous dire que l'alcoolisme n'est pas une maladie comme une bronchite qui se prend dans la journée même et qui évolue rapidement. C'est une intoxication, un empoisonnement lent, mais continu, qui se produit sûrement chez les personnes ayant l'habitude 'de boire périodiquement une dose d'alcool qui ne produit pas l'ivresse.

Celle intoxication est aussi bien produite par les bons que par les mauvais alcools; elle est seulement plus rapide avec ces derniers. J'ajouterai que les absinthes, vermouths et autres liqueurs au goût relevé sont plus dangereux que l'alcool, parce qu'ils contiennent des susbstances aromatiques constituant à elles seules les poisons les plus violents. C'est au point que l'essence d'absinthe tue plus rapidement des poissons contenus dans un bocal, que l'acide prussique, poison pourtant des plus actifs, employé à la même dose que cette essence.

L'intoxication alcoolique se caractérise par des affections qui intéressent les organes les plus essentiels du corps humain.

Regardez ce tableau, vous avez le même dans votre réfectoire (1).

Il porte comme en-tête : « L'alcool, voilà l'ennemi. » Ce n'est pas un cri jeté en l'air sans justification aucune. L'examen des figures qui suivent est tout à fait édifiant.

D'abord, deux têtes d'homme.

D'un côté, un sujet jeune, sain, bien constitué, à la figure pleine, au regard intelligent et énergique, à la mise propre et soignée.

(1) Tableau d'anti-alcoolisme du docteur Galtier-Boissière — Librairie A. Colin et Cⁱᵉ.

De l'autre côté, un sujet sur l'âge duquel on n'ose se prononcer. La figure est ravagée, amaigrie, sillonnée par des rides nombreuses et déconcertantes; les cheveux sont rares et anémiques; la moustache et la barbe sont sales et hirsutes; le regard est égaré; l'expression du visage farouche et bestiale; la mise est sale et négligée. Est-ce un idiot? quel est son âge?

C'est un alcoolique.

Cette physionomie décrépite et répugnante est une transformation de la première, produite volontairement par le sujet, au bout d'un petit nombre d'années, en buvant de l'alcool.

Il fallait que cet homme-là fût fou, direz-vous. Non, il était intelligent, mais il n'a pas su maîtriser sa passion pour l'alcool, et maintenant son intelligence est obscurcie, sa mentalité mériterait l'épithète que vous lui attribuiez.

Examinons ce que sont devenus les organes du malheureux; les figures qui suivent vont vous édifier. Suivons l'alcool dans son œuvre homicide.

L'estomac se rétrécit chez les buveurs d'alcool; il se dilate chez les buveurs de bière. L'appétit se perd. Des ulcérations se forment, qui produisent au creux de l'estomac une sensation de brûlure accompagnée du rejet de liquides acides. C'est d'abord la pituite, puis la gastrite.

L'alcool pénètre ensuite rapidement dans le foie. Celui-ci, sous cette influence néfaste, est envahi par la graisse, augmente de volume et de poids; son fonctionnement se fait mal et il en résulte pour le sujet de la jaunisse, de l'enflure du ventre et des coliques hépatiques.

L'alcool, après avoir traversé les organes de la digestion, passe dans le sang et affecte le cœur et les artères. Les parois du cœur s'infiltrent de graisse et s'affaiblissent; le fonctionnement de l'organe devient difficile et s'arrête quelquefois; le tissu des artères devient dur et cassant; de petites poches nommées anévrismes se forment et crèvent un jour, amenant la mort du sujet.

L'alcool, après avoir vicié le sang et fait ses ravages dans les tissus, passe dans le rein, dont il provoque la dégénérescence graisseuse à la suite de laquelle vient l'albuminurie, caractérisée par l'enflure des membres et des paupières.

L'alcool agit sur le cerveau et les membranes qui l'enveloppent; il produit la congestion, les hémorragies cérébrales, le ramollissement du cerveau, la méningite qui souvent sont suivies de paralysie et quelquefois de mort.

L'alcoolique devient idiot; il devient aussi fou et halluciné. Dans l'attaque de *délirium tremens*, il voit des animaux le poursuivre et il sent des liens l'enserrer, pendant que tout son corps est agité de mouvements convulsifs.

Enfin, si, par suite de circonstances toutes spéciales, l'alcoolique n'est pas touché gravement dans son organisme, on peut affirmer que son tempérament est sérieusement affaibli et que toutes les maladies des voies respiratoires trouveront en lui un terrain admirablement préparé. C'est ainsi que beaucoup d'alcooliques sont tuberculeux.

L'alcoolique est également plus apte qu'un sujet sain à prendre les maladies contagieuses. Vienne une épidémie de choléra, de fièvre typhoïde, de variole, il sera le premier touché.

L'intoxication alcoolique ne s'arrête pas au buveur. Son action nocive se continue sur la descendance. Les alcooliques donnent le jour à des enfants idiots, rachitiques, épileptiques, sourds-muets, pieds bots, qui meurent très jeunes ou qui, lorsqu'ils ont une existence un peu prolongée, sont ivrognes, chétifs et déséquilibrés.

L'alcool ne produit pas seulement des désordres physiologiques; il est aussi la source de désordres excessivement graves. Le vol a souvent pour mobile la passion de la boisson. On vole pour se procurer de l'argent et courir à l'estaminet. Et quand on est ivre, quand les querelles s'enveniment, on voit rouge et on frappe; on devient assassin.

Les alcooliques manquent de prévoyance et d'affection pour leur famille. Les économies s'épuisent vite; la paye, presque tout entière, sert à alimenter la passion du buveur.—Les meubles, la literie, les objets de première nécessité prennent le chemin du Mont-de-Piété. Le foyer est délaissé, sans pain et sans feu. La femme seule travaille, et son pauvre gain lui est souvent volé pour servir aux débauches du mari. O mes amis, connaissez-vous de spectacle plus triste que celui de cette mère au visage blême et amaigri, aux yeux rougis par les larmes et les veilles, et qui n'a rien à donner à ses pauvres petits enfants hâves et mourant de faim? Spectacle navrant et qui devient horrible, tragique même, quand l'alcoolique revient à la maison dans cette scène de désolation et de misère, apporter la brutalité de ses cris, de sa sauvagerie et peut-être de sa férocité. De pauvres voix plaintives demandent du pain; il répond par des hurlements, des coups; il frappe violemment et au lieu de la vie qu'il devrait donner, il provoque quelquefois la mort.

· Voici l'œuvre sociale de l'alcool infâme!

L'alccol peut aussi être responsable des maladies vénériennes.

Il est un fait reconnu que les alcooliques ont beaucoup d'enfants, parce que l'ébriété provoque à l'accomplissement des fonctions génitales.

Sous l'influence de l'alcool, on se rend dans les lieux infâmes, dont l'hygiène n'est pas contrôlée, et on y contracte des maladies qui vous avarient pour l'existence entière.

La plus bénigne de ces maladies est la blennorrhagie, qui est caractérisée par un écoulement du canal de l'urèthre. La guérison en est longue. Cette maladie laisse souvent après elle des souvenirs qui persistent durant des années. Ce sont les rétrécissements du canal, les rhumatismes blennorrhagiques et l'ophtalmie purulente. C'est aussi l'orchite double ou l'inflammation des deux testicules, qui vous rend inapte à fonder une famille.

La syphilis est la plus grave des maladies vénériennes. Elle évolue en trois périodes.

Dans la première période, au bout de trois à cinq semaines, après le contact impur, se prodüit une induration au point où le virus a pénétré. C'est le chancre induré.

Dès qu'on le constate, il faut avoir soin de se présenter au médecin pour que ses soins atténuent les tristes suites de la maladie. Dans la deuxième période, la peau se couvre de taches rouges, les cheveux tombent, l'intérieur de la bouche se couvre de plaques muqueuses; le corps s'anémie et se trouve souvent en état de fièvre.

Dans la troisième période, les os se carient, les dents tombent, de petites tumeurs spéciales appelées gommes se forment dans les os et le cerveau, et provoquent chez le malade les accidents les plus graves qui aboutissent quelquefois à la mort.

Voici, mes amis, le résultat d'une petite fête. Un jour, vous étiez quelques camarades, vous avez bu plus que de raison, et, sous l'influence des fumées de l'alcool, vous êtes allés dans le bouge passer vos fantaisies amoureuses. Vous y êtes entrés fiers, en conquérants, beaux garçons, ayant une santé parfaite; vous en êtes sortis, quelques instants après, avariés pour le restant de vos jours, destinés aux pires souffrances, aux pires déformations, et condamnés à un célibat sans limites. N'oubliez pas, en effet, que la syphilis est contagieuse et qu'il est de votre honneur de ne pas la transmettre à la fiancée qui vous attend, ni de faire souche d'enfants qui hériteraient de votre maladie.

N'obéissez pas, mes amis, en esclaves, à vos appétits génésiques. Les exercices auxquels les militaires se livrent brisent le corps et le calment. Ce n'est donc, la plupart du temps, que sous le coup d'une excitation alcoolique, ou d'un entraînement, par esprit d'imitation, que l'on agit et que l'on court au bouge.

Mais si, par hasard, les richesses de votre tempérament exigent des épanchements, évitez avec soin d'aller dans les établissements qui sont consignés par l'autorité militaire. Celle-ci a le souci de votre santé et surveille avec un grand soin tous les endroits où elle pourrait se compromettre.

Fuyez l'alcool, mes amis, et pensez toujours à l'avarie!

Et si, par malheur, il vous arrivait un accident, n'hésitez pas à venir trouver le major dès la première constatation.

Considérez que c'est votre devoir d'agir ainsi, et que d'agir autrement serait une faute et une grosse sottise.

Je termine par une recommandation pour

laquelle je fais appel à votre honnêteté, et qui trouve incidemment sa place ici.

Ne cherchez pas, sous le prétexte fallacieux d'amour, à apporter le trouble dans l'âme d'une jeune fille honnête et à la détourner de ses devoirs. Pensez à la peine que vous ressentiriez vous-même, à celle que ressentiraient vos chers parents si votre sœur était séduite par un jeune homme.

Ne faites pas aux autres ce que vous ne voudriez pas qu'on vous fît.

15ᵉ CAUSERIE

Mutualité.

La prévoyance est une qualité qui nous fait prendre les dispositions que nous pouvons et que nous considérons comme étant les meilleures, en vue d'arriver à un but déterminé, quelquefois très éloigné.

Exemple : votre salaire vous permet chaque semaine de faire une économie de quelques francs. Vous estimez que si vous placez cette économie à la caisse d'épargne, dans dix ans vous pourrez établir un petit atelier qui vous permettra de travailler chez vous, et de devenir patron. Vous agissez conformément à votre estimation; vous faites œuvre de prévoyance.

La mutualité consiste dans la combinaison des efforts de deux ou plusieurs personnes en vue de se rendre des services mutuels, c'est-à-dire réciproques.

Exemple : vous êtes valide, vous cultivez aisément votre propriété; seulement la tenue

de vos comptes vous gêne, car les écritures
ne sont pas dans vos goûts. Un de vos voisins
ne peut arriver à labourer son champ, car il
n'est pas fort, alors que la tenue des livres
est un jeu pour lui. Vous unissez vos efforts;
vous consentez à labourer le champ du voisin, pendant qu'il mettra à jour vos comptes. Vous faites tous les deux de la mutualité.

Envisager un but bien défini, intéressant
un groupement d'individus, prendre des dispositions pour l'atteindre par les services
mutuels de ceux-ci, c'est allier l'esprit de
prévoyance à la mutualité; c'est faire une
association mutuelle.

Les associations dans lesquelles le principe de la mutualité est appliqué sont nombreuses et leur objet est très varié.

Les sociétés coopératives, les sociétés d'assurances mutuelles, les syndicats agricoles,
les sociétés de crédit mutuel, les sociétés de
secours mutuel, sont autant de manifestations différentes de la mutualité.

Sociétés coopératives. — Les sociétés coopératives ont pour but ou la consommation,
ou la production.

Les sociétés de consommation se proposent la suppression des intermédiaires, pour
l'achat des produits et des denrées de con-

sommation. La société achète directement en gros, aux producteurs et vend ensuite à ses adhérents au fur et à mesure de leurs besoins. les marchandises au prix coûtant avec une légère augmentation destinée à couvrir les frais généraux de l'exploitation. Les bénéfices, s'il en existe, sont ensuite répartis en fin d'exercice, entre les adhérents, au prorata de leurs achats.

Les sociétés de production sont constituées par des ouvriers qui mettent en commun leur capital et leur travail pour faire fonctionner une entreprise, directement, par leurs propres efforts.

Les sociétés coopératives sont exemptes de l'impôt du revenu, si elles sont formées exclusivement entre ouvriers ou artisans, et si leur capital a été constitué au moyen de cotisations périodiques.

Assurances mutuelles. — Les sociétés d'assurances mutuelles sont celles dans lesquelles plusieurs personnes exposées aux mêmes risques s'associent pour se garantir réciproquement ces risques.

Un associé victime d'un sinistre est remboursé par la société, jusqu'à concurrence de la somme pour laquelle il s'est assuré. Les co-associés contribuent tous au paiement des dommages, proportionnellement à la somme pour laquelle ils se sont assurés individuellement.

Les assurances contre les épizooties ou maladies contagieuses affectant les animaux de trait et le bétail sont, la plupart, des assurances mutuelles.

Depuis quelques années, les agriculteurs sont entrés largement dans le courant mutualiste; les associations mutuelles contre la mortalité du bétail se sont rapidement développées, au point que le chiffre du capital assuré est passé de 30 à 300 millions.

Syndicats agricoles. — Les syndicats agricoles formés en vertu de la loi du 24 mars 1884 sont des associations ayant pour but de fournir à la petite culture les moyens de limiter au minimum les frais d'exploitation.

Le syndicat agricole fournit à ses adhérents les engrais, les semences. Il leur procure, moyennant location, les machines à défoncer, à faucher, à battre, etc. Il vend les produits de la culture des adhérents. Quelquefois il transforme ces produits, les traite et les vend sous leur nouvelle forme. Telles sont les fromageries, les boulangeries, qui traitent le lait ou le blé des syndiqués et qui vendent ensuite les fromages et le pain pour le compte de ceux-ci.

Il est facile de comprendre que les achats

et les ventes faits dans ces conditions s'opè-
rent à des prix plus favorables aux syndiqués
que ceux qu'ils obtiendraient isolément.

Les syndicats agricoles sont donc très utiles à la petite propriété.

Sociétés de crédit mutuel. — Les sociétés
de crédit mutuel sont formées par des adhérents qui constituent une caisse commune
destinée, éventuellement, à leur consentir
des prêts d'argent ou à leur escompter les
traites qu'ils seraient obligés de souscrire
pour les besoins de leur commerce, de leur
industrie ou de leur exploitation agricole.

On se trouve momentanément gêné ; on
frappe à la caisse du crédit et on évite peut-
être les ventes forcées ou la liquidation judi-
ciaire.

Les syndicats agricoles sont souvent organisés en sociétés de crédit mutuel.

Sociétés de secours mutuels. — Les sociétés de secours mutuels sont des associations
qui accordent à leurs adhérents, moyennant
une cotisation mensuelle dont le chiffre est
fixé par les statuts, les soins du médecin, les
médicaments et une indemnité quotidienne
pendant la maladie et la convalescence des
sociétaires. Elles constituent aussi les pensions de retraite, contractent au profit des
sociétaires des assurances en cas de décès

ou d'accident, pourvoient aux frais des funé-
railles et_allouent des secours aux ascen-
dants, 'aux veufs, veuves ou orphelins des
sociétaires décédés.

La législation de ces institutions est généralement réglée par la loi du 1ᵉʳ avril 1898
ou, pour quelques sociétés, par la loi sur les
associations du 31 juillet 1901.

Ces sociétés sont composées de membres
participants et de membres honoraires.
Ceux-ci font des dons ou paient une cotisation spéciale; ils n'ont pas droit aux avantages de l'association qui sont réservés seulement aux membres participants. Cependant, dans le cas où la situation de fortune
d'un membre honoraire viendrait à changer
et nécessiterait l'intervention des secours de
la société, le membre honoraire serait d'of-
fice inscrit comme membre participant.

Les groupements les plus divers peuvent
s'organiser en sociétés de secours mutuels.

Les ouvriers d'un corps de métier, les habitants d'un village, d'un canton, les em-
ployés d'une administration ou de plusieurs
administrations, etc., peuvent former une société de secours mutuels. Bien plus, ces sociétés éparses peuvent former un groupement plus important, une « Union de sociétés. ».

Les femmes et les enfants peuvent également s'organiser en sociétés de secours mutuels.

Au point de vue administratif, les sociétés de secours mutuels sont divisées en trois catégories :

1° Les sociétés reconnues d'utilité publique;

2° Les sociétés approuvées;

3° Les sociétés libres.

Elles forment actuellement (1904) en France un total de 17.000 sociétés avec 4.650.000 membres possédant un capital de 450 millions de francs.

Les sociétés approuvées et celles reconnues comme établissements d'utilité publique peuvent déposer leurs fonds à la Caisse des Dépôts et Consignations où il leur est servi un intérêt de 4,50 p. 100.

L'Etat leur accorde en outre :

Une subvention de 0 fr. 50 par membre, lorsqu'elles assurent seulement les secours en cas de maladie;

Une subvention de 1 franc par membre, lorsqu'elles assurent les secours en cas de maladie et les retraites.

Pour être admis dans une société de secours mutuels, il faut être présenté par deux de ses membres, être vacciné et avoir été reconnu valide par un médecin de la société.

Dans le cas d'une société locale il faut en outre être domicilié depuis au moins trois mois dans la commune. Ces formalités remplies, on est sociétaire, et on est tenu, pour participer aux avantages de la société, de verser mensuellement une somme minime, qui correspond à une économie de quelques centimes par jour.

A Paris, la cotisation mensuelle est de 2 à 3 francs.

L'indemnité journalière, en cas de maladie, est généralement égale ou supérieure à cette cotisation.

Les jeunes gens qui sont membres d'une société au moment de leur entrée au service continuent à faire partie de cette société pendant le temps qu'ils passent sous les drapeaux, sans avoir à verser de cotisation pendant cette période.

Cette disposition sera heureusement complétée par l'organisation des Mutuelles régimentaires qui maintiendront les jeunes Français dans le courant mutualiste, pour leur plus grand intérêt et celui de la collectivité.

Le versement de la cotisation redevient obligatoire, sous peine de radiation, après la libération du service, dans un délai d'un an au maximum.

Dans le cas où un sociétaire est obligé, par son travail, de sortir du rayon d'action de sa société, il est mis en subsistance dans une société de secours mutuels de sa nouvelle résidence, y verse ses cotisations et continue à jouir de tous ses droits en cas de maladie. Les deux sociétés règlent ensuite les excédents de dépenses qui pourraient éventuelle-s'être produits et qui doivent être supportés par la société d'origine.

Pour avoir droit à une pension de retraite, il faut avoir au moins 50 ans d'âge et avoir versé la cotisation sociale pendant au moins quinze ans. La moyenne de ces pensions a été d'environ 100 francs par an, au bout de trente ans de sociétariat.

Les sociétés qui limitent les secours immédiats à donner aux sociétaires et qui font porter leur principal effort dans la constitution d'un fonds pour les retraites, peuvent donner une retraite plus élevée, qui se monte pour certaines d'entre elles à 360 francs après quinze à vingt ans de sociétariat.

La mutualité prend l'enfant dès son berceau.

Les femmes se sont organisées en société pour faire de la mutualité maternelle, pour procurer aux mères et aux jeunes bébés les soins nécessaires. Grâce à cette organisation, les lois de l'hygiène ont pu être observées dans les accouchements, dans l'allaitement, de sorte que la mortalité chez les enfants pauvres a considérablement diminué.

La mutualité suit l'enfant à l'école.

C'est à M. Cavé que revient l'honneur de l'organisation de la mutualité scolaire, qui groupe 12.500 écoles avec 550.000 membres. Chaque enfant verse, par semaine, sa petite cotisation de 0 fr. 10, dont une partie sert à constituer un fonds de prévoyance et l'autre partie est versée à la Caisse des retraites pour la vieillesse au profit de l'écolier. Le fonds de prévoyance contribue à payer les frais de maladie de l'enfant ou de ses parents.

Chaque année, cette organisation mutuelle paie 800.000 francs pour ce service.

La mutualité suivra le jeune homme sous les drapeaux.

Les Sociétés Régimentaires qui s'organiseront sans doute dans un avenir peu éloigné recevront le jeune soldat et lui assureront, moyennant un versement annuel de 4 francs, des droits à la retraite qui s'ajouteront à ceux acquis, soit à l'école, soit dans d'autres sociétés mutuelles.

Elles fourniront, en outre, des secours aux femmes et aux enfants des militaires participants décédés.

Lorsque le jeune homme quitte le régiment, il passe dans une société d'adultes, où il entre avec tous ses droits acquis pour la retraite, et où, moyennant une faible cotisation, de 18 francs à la campagne et de 36 francs à la ville, il continue d'acquérir des droits à la retraite, et s'assure la sécurité et la dignité pour son existence et celle de sa famille.

Le mutualiste n'a pas à redouter la maladie, car les soins et les médicaments seront donnés à lui et aux siens.

Il n'a pas à redouter le chômage, les accidents; il sera indemnisé.

Il n'a pas à redouter la vieillesse avec ses infirmités et son isolement, car il aura une pension de retraite qui lui permettra de vivre, alors qu'il ne pourra plus gagner son pain.

Les principes de la mutualité, étendus aux sociétés coopératives, aux syndicats agricoles, aux sociétés d'assurances, aux sociétés de crédit mutuel procurent au travailleur une existence moins chère, de l'indépendance dans son travail, le font profiter dans son exploitation des progrès de la science, le garantissent contre les risques qui pourraient lui être fatals et l'empêchent de devenir la proie des agents d'affaires.

Certes, la mutualité ne donne pas au travailleur la richesse, mais elle lui donne la possibilité d'y arriver; en tous cas, elle le soutient dans les moments difficiles et l'empêche de tomber dans la misère.

Elle inculque à ses disciples des habitudes d'ordre, d'économie, de prévoyance; elle leur donne la sécurité pour le présent et l'avenir et, par suite, la conscience de leur dignité personnelle.

La mutualité est donc une belle œuvre de haute moralité et de solidarité sociale, où riches et pauvres, patrons et ouvriers, travaillent pour le bien commun, où toutes les bonnes volontés sont soudées, où les individus qui marchent isolés dans le sentier de la vie, trébuchant à chaque pas, trouvent une aide certaine et l'avenir assuré, moyennant leur concours à l'œuvre commune.

Vous devez comprendre maintenant, mes amis, qu'il est de votre intérêt d'apporter, vous aussi, votre concours à cette œuvre et de devenir mutualistes, si vous ne l'êtes déjà.

16ᵉ CAUSERIE

Allocution de départ.

Mes chers amis, vous partez aujourd'hui pour rentrer dans vos foyers. Vous êtes tout à la joie, car vous allez retrouver votre famille qui attend impatiemment votre retour. C'est votre père qui escompte votre arrivée pour l'aider à faire les dernières récoltes; c'est votre mère dont les bras grands ouverts veulent se refermer sur votre poitrine; c'est votre fiancée qui attend votre bras pour la conduire dans la vie; ce sont vos amis dont les mains se tendent vers les vôtres. Allez, mes enfants, vers ces travaux bénis, courez vers ce bonheur, vers ces joies honnêtes et savourez-les comme de bons fils, comme de braves jeunes gens que vous êtes.

N'oubliez cependant pas le temps que vous avez passé sous les drapeaux.

Quand les premières effusions se seront donné libre cours, quand les confidences se seront faites, quand vous aurez repris le courant de votre vie normale, le temps de la calme réflexion viendra. Faites alors un retour sur vous-mêmes et jugez le chemin que vous avez parcouru depuis votre départ pour le service.

En arrivant au service, vous étiez des adolescents, presque des enfants. La plupart d'entre vous n'avaient pas quitté leur famille, leur village, et ne connaissaient de l'humanité que le cercle de parents et d'amis dont l'affection s'ingéniait à vous éviter les désagréments de la vie, et le cercle d'autres voisins dont les aspirations et les intérêts étaient différents des vôtres et que vous jugiez avec une sévérité d'autant plus vivace que votre inexpérience était plus grande. Vous considériez que votre volonté, que vos désirs devaient toujours recevoir satisfaction et prédominer. Ami était celui qui agissait suivant votre caprice, ennemi celui qui ne traitait pas vos avis avec toute la considération que vous vouliez.

En résumé, votre corps, incomplètement formé, n'avait pas acquis la souplesse, la vigueur désirables; votre volonté absolue et capricieuse avait besoin d'être assagie, votre jugement et votre caractère avaient besoin d'être redressés. A côté de cela, vous pos-

sédiez un fonds de réelles qualités, de respect, de travail et d'économie.

C'est ainsi que nous vous avons reçus.

L'instruction militaire, par ses exercices
raisonnés, a transformé votre corps; vous
êtes devenus, grâce à elle, des jeunes gens vi-
goureux, beaux et souples. L'éducation militaire, qui a pour principal but de façonner
les soldats à la discipline, a assoupli votre
volonté.

Les instructions, les conférences qui vous
ont été faites vous ont éclairés; elles ont élevé
vos aspirations, elles ont rectifié en votre
esprit des appréciations inexactes; elles ont
augmenté votre bagage de connaissances.
Nous nous sommes efforcés de cultiver vos
qualités premières et nous avons toujours fait
appel à votre jugement, à votre droiture,
cherchant constamment à vous traiter avec
justice et équité.

La cohabitation avec les camarades vous
a rendus moins exigeants, moins absolus
dans vos désirs. Au contact des coudes, on
s'apprécie mieux. Bien des préventions tom-
bent-devant la tâche commune; bien des
dévouements se manifestent dans la peine;
les cœurs se mettent à nu dans les conversations et les confidences. On arrive à mieux
se connaître, et une time réciproque naît

dans cette vie en commun de jeunes gens bien différents à tous les points de vue : origines, savoir, situation de fortune. L'égoïsme fait place à l'esprit de solidarité qui fait que l'on s'entr'aide dans la vie.

Voilà le bilan de votre acquis matériel et moral !

Nous avons donc conscience de vous avoir transformés en hommes droits, instruits, soucieux de leurs devoirs, capables et dignes de servir leur Patrie.

Vous quitterez donc ce quartier avec un sentiment de gratitude pour vos chefs, dont la sollicitude et la bienveillance ne vous ont jamais fait défaut, et un sentiment d'affectueux regret pour vos camarades dont la complaisance et l'amitié se sont si souvent manifestées pour vous être utiles et agréables.

Et maintenant, allez, mes amis, allez vers votre famille.

Travaillez avec courage, conduisez-vous bien et montrez-vous toujours bons fils, bons époux et bons pères. Je le désire de tout mon cœur et je souhaite que vous ayez une pleine et entière réussite dans vos travaux.

Capitaine GRANGE.

TABLE DES MATIÈRES

PRÉFACE 7

AVANT-PROPOS. 11

1re *causerie*. Allocution aux gradés. 15

2e — Allocution aux anciens. 25

3e — Conseils pécuniaires aux jeunes. . . . 29

4e — Allocution au repas de bienvenue... 33

5e — Sur la Patrie. 37

6e — Du patriotisme. 41

7e — L'armée. 53

8e — Organisation de l'armée. — Rôle de
la batterie. 57

9e — La discipline. 61

10e — Le drapeau. 71

11e — Devoirs du soldat envers sa famille
et envers les citoyens. 83

12e — De l'hygiène. — Propreté. 91

13e — De l'hygiène (*suite*). — Alimenta-
tion. 105

14e — De l'hygiène (*suite*). — Ivresse, alcoolisme, syphilis. 115

15e — Mutualité. 127

16 — Allocution de départ. 139

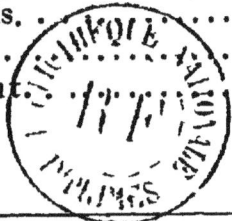

Paris et Limoges — Imp. milit Henri CHARLES LAVAUZELLE.

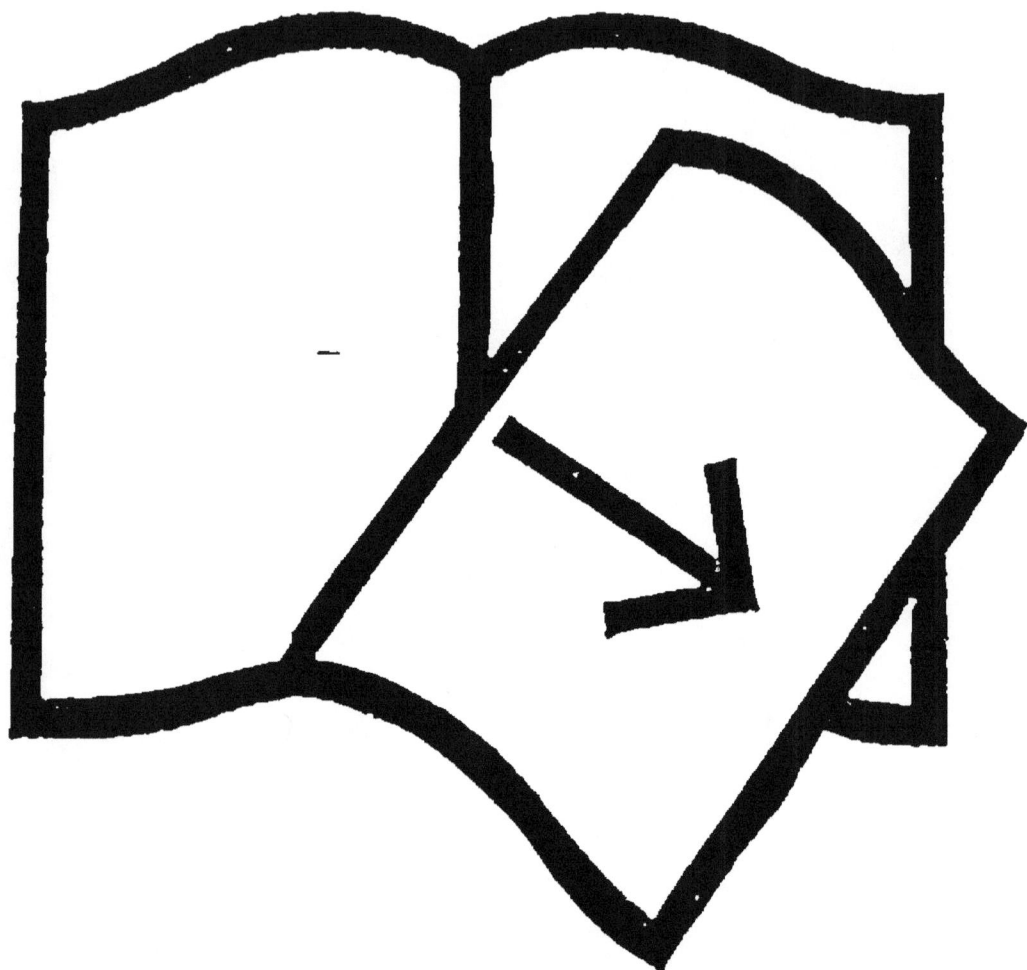

Documents manquants (pages, cahiers...)
NF Z 43-120-13

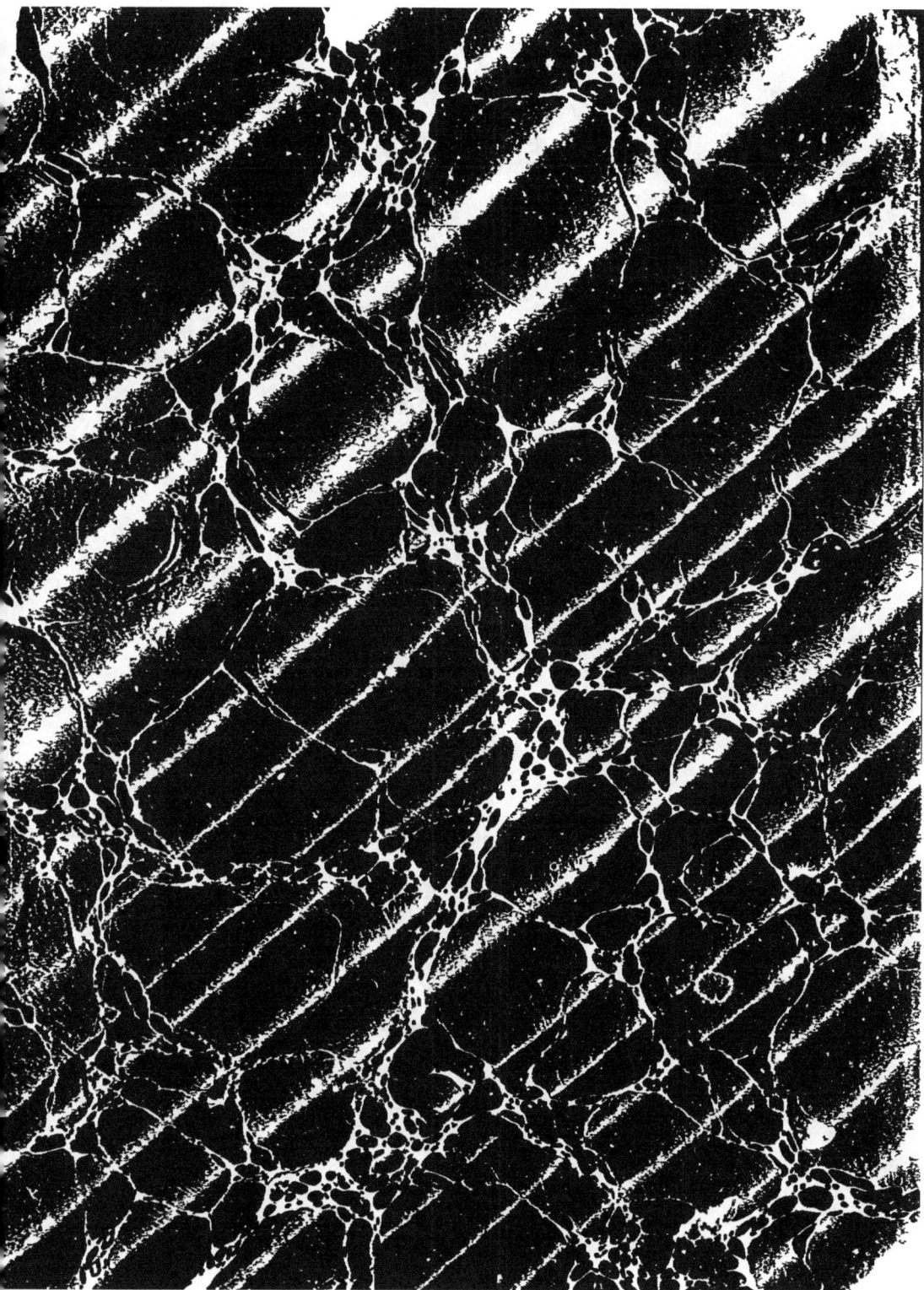

www.ingramcontent.com/pod-product-compliance
Lightning Source LLC
Chambersburg PA
CBHW072058090426
42739CB00012B/2807